Innere Kraft durch
Atemtyp Qigong

Dank an:
Marion Schnoor (Lunar), Federico Canosa (Lunar),
Andreas Korycik † (Lunar), Andreas Krügersen (Lunar),
Brigitte Wendt (Solar), Winfried Huthmacher (Solar)

Innere Kraft durch

Atemtyp
Qigong

Gesund durch richtiges Atmen

© tao.de in Kamphausen Media GmbH, Bielefeld

1. Auflage 2009

Autor: Frieder Anders, Judith Hechler
Umschlagfotos: © Adobe Stock – Sean Xu, © Adobe Stock – Sea Wave
Lektorat/Korrektorat: Susanne Klein, www.kleinebrise.net
Weitere Mitwirkende: Layout/Satz: Ingeburg Zoschke.
Fotos im Innenteil: © Harry Tränkner.
Zeichnungen: © Rosario Young-Poblete.
Berechnungstabellen: © Bert Aufdemkamp.

Verlag: tao.de in Kamphausen Media GmbH, Bielefeld,
www.tao.de, eMail: info@tao.de
Herstellung: tredition GmbH, Halenreie 40–44, 22359 Hamburg

Bibliografische Information der Deutschen Nationalbibliothek:
Die Deutsche Nationalbibliothek verzeichnet diese Publikation
in der Deutschen Nationalbibliografie; detaillierte bibliografische
Daten sind im Internet über http://dnb.d-nb.de abrufbar.

ISBN Hardcover: 978-3-96240-480-2
ISBN Paperback: 978-3- 96240-485-7
ISBN e-Book: 978-3-96240-481-9

INHALT

ANHANG

VORWORT

Mit großer Freude habe ich dieses Buch gelesen, denn es ist das erste Mal, dass die Atemtypenlehre und damit das Gedankengut von Erich Wilk (das wir heute unter dem Begriff Terlusollogie weiterführen und entwickeln) in den traditionellen chinesischen Bewegungskünsten Einzug gehalten hat. Ich habe schon immer die Vorstellung gehabt, dass die herausragenden Leistungen der Bewegungskünste sich nur dann einstellen, wenn der Übende seinen Atemtyp und die damit in unmittelbarem Zusammenhang stehenden Körperhaltungen berücksichtigt bzw. mit einbezieht. Ich bin überzeugt, dass die großen Meister der Kampfkünste die Atemtypen früher instinktiv mit einbezogen haben.

Erich Wilks Gedanken waren von der Polarität als einem der Grundprinzipien der Natur geprägt. Aktiv/Passiv, Spannung/Entspannung, Zell-Inneres/Zell-Äußeres, Dehnungszonen/Verengungszonen, Einatmung/Ausatmung usw. – man könnte unzählige solcher Paare bilden. Um die Bedeutung zu erklären, möchte ich das Beispiel der Atmung nehmen, denn die Atmung ist der »Lebensmotor« des Menschen. In der Natur kommen nur Einatmung und Ausatmung vor, etwas Drittes gibt es nicht. Entweder bin ich Einatmer oder Ausatmer, und zwar von Geburt an. Ein Wechsel von der Einatmung zur Ausatmung und umgekehrt ist möglich, aber nicht dauerhaft. Dauerhaft in die »Gegenatmung« zu gehen oder diese gar zu trainieren ist rasch mit Leistungsminderung oder Krankheit verbunden. Da wir ein Leben lang atmen müssen, sind wir in unserem Verhalten darauf angewiesen, diesen Prozess der Atmung zu unterstützen und so energiesparend wie möglich vonstattengehen zu lassen. In der Terlusollogie nennen wir das Einsparen von Energie typenrichtiges Verhalten. Das typenrichtige Verhalten bezieht sich auf das Sitzen, Stehen, Gehen, Liegen und die Ernährung. An nur einem Beispiel sei dies hier erläutert. Liege ich auf dem Rücken, dann ist der Brustkorb in einer Vordehnung. In dieser Ausgangsposition aktiv einzuatmen fällt jedermann spürbar leichter als auszuatmen. In der

Bauchlage sind die Verhältnisse anders. Hier fällt das Ausatmen leichter, und die Einatmung ist erschwert. Folglich ist es für den Einatmer notwendig, auf dem Rücken, und für den Ausatmer, auf dem Bauch zu schlafen. Hält man sich in der Schlafposition nicht an seinen Atemtyp, so vergeudet man Nacht für Nacht Energie, was letztlich zu Leistungsminderung und – über viele Jahre hinweg praktiziert – zu Krankheit führt.

Der Atemtyp mit dem typenrichtigen Verhalten ist in diesem Buch berücksichtigt worden, was zu überraschenden Ergebnissen geführt hat. Erich Wilk ist es leider nicht mehr vergönnt gewesen, einen solchen Erfolg zu erleben. Ich hätte es ihm von Herzen gegönnt, ist er doch zeitlebens angegriffen und verhöhnt worden.

Zum Schluss möchte ich erwähnen, dass ich Laie auf dem Gebiet der chinesischen Bewegungskünste bin. Ich habe mit dem Lesen dieses Buches Neuland betreten. Damit möchte ich zum Ausdruck bringen, dass ich in der westlichen Welt aufgewachsen und erzogen worden bin und das chinesische Gedankengut für mich ungewohnt und fremd ist. Ich bin überrascht, dass es sehr viele Übereinstimmungen gibt, die mich sehr beeindruckt haben, gerade auch im Hinblick auf den Polaritätsgedanken. In der Terlusollogie haben wir es mit erstaunlichen Effekten zu tun, die sich mit dem herkömmlichen naturwissenschaftlichen Denken nicht erklären lassen. Das gleiche Phänomen erleben wir bei den Bewegungs- und Kampfkünsten. Dieses Buch hat mich in der Richtigkeit unseres Tuns bestärkt, und ich hoffe auf eine gegenseitige Befruchtung. Ich bin den Autoren dieses Buches – Herrn Frieder Anders und Frau Judith Hechler – sehr dankbar, diesen Schritt getan zu haben, gibt es doch eine direkte Verbindung zwischen Terlusollogie, Qigong und Taijiquan. Ich wünsche ihnen mit diesem Buch großen Erfolg.

Mannheim, Oktober 2008

Christian Hagena
Arzt und Terlusollogie-Lehrtrainer

Teil 1
Theoretische Grundlagen

KAPITEL 1

Das neue Paradigma von Körper und Geist

Vor gut zwanzig Jahren entwickelte sich in der westlichen Welt, u. a. angestoßen durch die Werke Fritjof Capras (Capra 1983), ein neues Verständnis der Beziehung des Menschen zur Welt und zu seinem Körper, das inzwischen als neues Paradigma von Körper und Geist angesehen werden kann. Das Verständnis des Menschen seiner selbst und seiner geistig-körperlichen Existenz wird seitdem nicht mehr unangefochten durch unser jüdisch-christliches Erbe bestimmt, das die Seele als Gefangene des Körpers begreift und in der cartesianischen Trennung von Geist und Körper epochemachend zum Ausdruck kam.

Vielmehr gewinnt der von C. G. Jung formulierte Vorsatz, »uns mit dem geheimnisvollen Mysterium auszusöhnen, dass die Seele das innerlich geschaute Leben des Körpers und der Körper das äußerlich geoffenbarte Leben der Seele ist, dass die beiden nicht zwei, sondern eins sind« (Seem 1994, S. 19), immer mehr Raum.[1] Für die Medizin und verwandte Heilmethoden bedeutet das, dem Menschen zu helfen, über die Relativität der Krankheit oder Symptome hinauszugehen und zu spüren, »wie er wäre, wäre er gesund: körperlich, geistig und spirituell mehr eine Ganzheit« (Seem 1994, S. 20). Diese ganzheitliche Ausrichtung der Medizin sieht den Menschen als Teil der Welt, nicht bloß als isolierten Körper in ihr, und setzt auf die Selbstheilungskräfte der Patienten. Dabei berücksichtigt sie sowohl philosophische als auch spirituelle Fragen und findet im Menschen ein regelrechtes bio-elektrisches Selbst, ein Kraftfeld, das von denselben dynamischen Kräften durchdrungen ist, die alles Leben beseelen. Bei Seem heißt es dazu, bei dem neuen Paradigma des Körper/Geist[2] liege der Nachdruck weniger auf Diagnose und Behandlung von Krankheit, die immer in den medizinischen Bereich fallen würden, sondern man konzentriere sich mehr auf die Entdeckung und auf energetische Unausgewogenheiten (Seem 1994, S. 28). Die Betonung liegt auf »energetisch«. Derartige bio-elektrische Kräfte wurden durch R. O. Becker[3] in den letzten Jahrzehnten in zahlreichen Versuchen nachgewiesen und zur Stimulierung von Heilungsprozessen eingesetzt. Interessanterweise finden sich diese neueren Erkenntnisse der westlichen Physik und Medizin schon seit Jahrhunderten in den östlichen Traditionen der Medizin, deren Heilmethoden auf der Annahme der Existenz eines solchen Kraftfeldes aufbauen. Gemeint sind hier die Methoden der Selbstkultivierung wie Qigong, Taijiquan und Meditation,[4] östliche Philosophien und Praktiken, in denen die Begriffe der Lebenskraft und der Energie eine wesentliche Rolle spielen. Diese Begriffe ergänzten die Ideen, die in der modernen Physik auftauchen, und führten schließlich zur Entstehung einer neuen Richtung in der Medizin, der Energiemedizin. (Oschman 2006)

Östliche Philosophien und Praktiken werden im Westen jedoch oft übernommen, ohne hinterfragt zu werden. Sie werden als etwas ganz anderes erlebt und, weil metaphysisch und mysteriös, sozusagen durch eine romantisierende Brille betrachtet. Da die westlich-wissenschaftliche Sicht auf den Menschen von vielen als steril und seelenlos empfunden wird, scheinen östliche Konzepte Befreiung aus den Zwängen der eigenen kulturellen Tradition zu verheißen.

Beispiel Sport

Fast alle Bewegung, die dem Freizeitbereich zugehörig ist, wird im Westen als Sport bezeichnet. Diesem Begriff des Sports liegt nach wie vor die cartesianische Trennung von Körper und Geist zugrunde. Der Geist – das Ego, das Selbst – *hat* einen Körper, über den er als Instrument verfügen kann. Dieser Körper muss dem eigenen Geist, der sich vor allem an äußeren Zielen ausrichtet, gehorchen und darf nicht seinen eigenen Bedürfnissen folgen. Er muss trainiert werden, damit er diese Ziele erreicht. Die Ziele werden, zumindest im Leistungssport, immer höher gesteckt und folgen dabei den Kriterien des Messbaren: schneller, höher, weiter. Werden sie erreicht, wird auch eine Art »Einheit« mit dem Körper hergestellt, denn der Körper hat zufriedenstellend funktioniert und die ihm vom Geist gestellten Vorgaben erfüllt. Eine unmittelbare Befriedigung aus der Bewegung – sich gut fühlen, eins mit sich sein – ist also immer an das Erreichen von Zielen gekoppelt, die der Körper für sich genommen nicht kennt und wahrscheinlich auch nicht wünscht, sonst müsste er nicht gedopt werden. Die Grenze zwischen so erlangter Gesundheit und Selbstzerstörung ist äußerst schmal; Wohlbefinden wird nur über Leistung erreicht.

Im Qigong und im Taijiquan gibt es keine messbaren Leistungen: Man befindet sich entweder still an einem Platz oder bewegt sich im Kreis. Kein Wille zwingt den Körper zu einer Leistung. Hier gibt es einen Weg zu einem anderen harmonischen Zusammenspiel von Körper und Geist, das mehr das unmittelbare Erleben des Körpers fördert als die Herrschaft über ihn, das das *Körper-Sein* über das *Körper-Haben* stellt. Das kann sehr befreiend wirken auf diejenigen, die dem Zwang, ihren Körper zu »trimmen«, entfliehen wollen. Es muss jedoch hinterfragt werden, ob unser westliches Verständnis der fernöstlichen Bewegungsmethoden diesen auch tatsächlich entspricht, ob und wie eine Übernahme überhaupt möglich und unter welchen Bedingungen sie sinnvoll ist.

Psychologie in Ost und West

Die pauschale Übernahme eines östlichen Denkmodells wird der Entwicklung eines neuen westlichen Paradigmas der Gesundheit nicht zuträglich sein, denn die asiatischen Medizinmodelle verfügen nicht über eine hinreichende psychologische Theorie, um der Psychologie des westlichen Individuums Rechnung zu tragen. Viel mehr als eine *Einzelpsychologie* entwickelten die Chinesen eine *Einzelsoziologie*.

> »... das konfuzianische Konzept des Individuums, das die chinesische Gesellschaft beeinflusst hat, besteht nicht aus einem psychologischen Selbst, sondern aus einem aktiv in der Gemeinschaft stehenden (Familie, Provinz, Staat, Welt). ... In der alten chinesischen Kultur war das Selbst demnach ein grundsätzlich soziales ... Verhaltensprobleme, die wir im Westen als Störung der Persönlichkeitsentwicklung verstehen, wären in China grundsätzlich Fragen der sozialen Anpassung. ... Hier besteht ein krasser Gegensatz zum westlichen Selbst, das als isoliertes Einzelwesen verstanden wird ... das psychologische Selbst (Ego), das im Zentrum der Praxis der westlichen Psychologie, Psychiatrie und Psychosomatik steht, ist in China praktisch unbekannt.« (Seem 1994, S. 94)

Körper-Haben, Körper-Sein

Die menschliche Existenz ist von zwei Modi geprägt: von *Körper-Haben* und von *Körper-Sein*. Beide Modi, die »exzentrische Positionalität«, wie sie Helmuth Plessner[5] genannt hat, zu versöhnen ist die Aufgabe des Menschen. Die westliche Kultur bevorzugt das Körper-*Haben*, nicht nur in der Arbeitswelt, sondern, wie das Beispiel des Sports zeigt, auch in der Freizeit; dem Körper-*Sein* wird in der von

»Wellness« geprägten Freizeit Rechnung getragen; die »3 S« im Bett: Schlaf, Sexualität und Siechtum sind, unabhängig von dieser Mode, ebenso typisch.

Untersucht man sorgfältig die Beschaffenheit der östlichen Wege und stülpt ihnen kein romantisierendes Wunschdenken über, so entdeckt man, dass das Verhältnis von Geist und Körper hier ebenso hierarchisch ist wie im Westen. Der Geist steht auch hier an erster Stelle und der Körper an zweiter. Zwar ist das Verhältnis nicht eines von Herr und Knecht, zu dem der bürgerliche Fortschritt der Jahrhunderte nach Descartes es hierzulande machte, aber es ist hierarchisch, weil »der Geist führt und *Qi* und Körper folgen«, wie es eine Maxime in Bezug auf Taijiquan ausdrückt. Diese Hierarchie anzunehmen und zu gestalten, also den Ausgleich zwischen *Körper-Haben* und *Körper-Sein* zu finden, wie er in den östlichen Wegen angelegt ist, bringt erst deren erstaunliche Wirkung hervor und macht diese Übungen auch für uns als westliche Individuen zugänglich. Unser »psychologisches Selbst« kann diese mit der Intentionalität des Geistes *führen* und so das Selbst erweitern und stärken, ohne als »Wille« dem Körper zu befehlen und ohne in die Regression des einseitigen *Körper-Habens* zu versinken.

KAPITEL 2

Qigong – Selbstkultivierung

Qigong bedeutet »Übung des *Qi*«. Qi hat im Chinesischen eine doppelte Bedeutung. Zum einen bezeichnet es die prinzipielle *Lebensenergie* des Kosmos und des Menschen, zum anderen seinen *Atem*. Es bildet das »Kraftfeld, das von denselben dynamischen Kräften durchdrungen ist, die alles Leben beseelen«, von dem im ersten Kapitel bereits die Rede war. Der (meist) aufrechte Körper des Übenden beim Qigong – es gibt Übungen im Liegen, Sitzen, Stehen und in Bewegung – erschließt dieses Kraftfeld, den Mikrokosmos der Energie innerhalb des Körpers, indem es ihn anbindet an den Makrokosmos, das universelle Kraftfeld des Kosmos. Wie ein Sensor oder ein Sendemast sollen die Bahnen des Qi im Körper geöffnet werden, um durchlässig zu werden für die universelle Energie.

Wenn Qi die Materie/Energie ist, aus der Himmel, Erde und Mensch bestehen, dann gibt es keinen Gegensatz zwischen Geist und Materie, zwischen Geist und Körper, zwischen Leib und Seele – sie sind im Grunde eins. Diese Einheit – als Ganzheitlichkeit – anzustreben und zu erreichen ist das Ziel der Selbstkultivierung. Unter dieser Bezeichnung werden die verschiedenen chinesischen Wege, die dieses Ziel anstreben – darunter Qigong, Meditation, Taijiquan –, zusammengefasst. Es gibt eine geradezu unüberschaubare Vielfalt der Übungen, allein im Qigong sind an die 1000 verschiedene Arten bekannt. Nach einer in China gebräuchlichen Unterscheidung kann man die Übungen einteilen in *Äußeres* und *Inneres Qigong* (*Wai Dan* und *Nei Dan*), eine andere Einteilung unterscheidet *Stilles Qigong* (*Yi Qigong*) von Bewegungsübungen (*Dong Gong*).

Die Grenzen zwischen den Einteilungen sind dabei fließend – und irritierend für den, der beginnt, den für sich richtigen Weg zu suchen. Denn was bedeuten die Begriffe Äußeres und Inneres Qigong genau? Ist damit der äußere und der innere Körper gemeint, also Muskeln, Knochen und Sehnen einerseits und der Atemvorgang und der »innere« Qi-Fluss andererseits? Unterscheiden wir im Westen nicht auch gymnastische Übungen als äußere Übungen von eher inneren Übungen wie der »Atemgymnastik«? Andererseits ist doch ein Kennzeichen aller Qigong-Übungen, dass sie »Atem und Meditation« (Palos 1968)[6] verbinden und dass alle äußeren Bewegungen des Körpers aus dieser Quelle gespeist werden. Oder ist die Herkunft der Übungen gemeint, dass also die Übungen, die daoistischen Ursprungs sind, also innerhalb Chinas entstanden, die inneren sind und die, die von außerhalb, aus Indien und Tibet mit dem Buddhismus nach China kamen, die äußeren?[7]

Ein Blick auf die Geschichte des Qigong

Die Selbstkultivierung wurde hauptsächlich in den daoistischen und buddhistischen Klöstern des alten China geübt und als Tradition überliefert und hatte eine umfassende Zielsetzung: Gesundheit und langes Leben. Diese Ziele wurden aber nicht um ihrer selbst willen angestrebt, sondern als notwendige Voraussetzung für eine möglichst weitgehende spirituelle Entwicklung angesehen. Traditionell wurden für die Übungen die Begriffe *Yangsheng* (»Pflege des Lebens«) und *Daoyin* (»Übungen des Dehnens und Leitens«, heute die Bezeichnung für Selbstmassage) verwendet. Die Reduktion auf den medizinischen Aspekt geschah erst nach 1949, als die »alten Zöpfe« des spirituellen Erbes abgeschnitten und die Übungen auf Gesundheitsübungen reduziert wurden. Erst aus dieser Zeit stammt die Bezeichnung »Qigong«.

Während der »Kulturrevolution« 1966–76 wurde diese Entwicklung unterbrochen und die Sanatorien, in denen noch in den 50er-Jahren das medizinische Qigong zur Anwendung kam, wurden abgeschafft. In den 80er-Jahren brach dann im politischen Wandel des »Tauwetters« ein regelrechtes Qigong-Fieber aus, bei dem auch traditionelle Formen wieder ans Licht kamen: das spontane Qigong (*Zifagong*), vor allem in der Form des *Kranich-Qigong,* bei welchem der Übende in unwillkürliche Bewegungen versetzt wird, und das Qigong des geistigen Heilens durch Übertragen des Qi vom Heiler auf den Patienten (*Wai Qi*). Das geistige Heilen durch willentlich ausgestrahltes Qi ist heute, neben den Bewegungsformen Dong Gong, Qigong-Massage, Diagnostizieren mit Qigong und natürlich dem Unterricht zur Selbsthilfe der Patienten, ein anerkannter Zweig des Qigong. Die Varianten, wie sie heute in den vielen verschiedenen Qigong-Schulen Chinas und von Lehrern und Meistern im Osten und Westen gelehrt werden, sind zum Teil ganz neue Entwicklungen, doch haben sie alle ihre Wurzeln in der jahrtausendealten Tradition der Selbstkultivierung, der Arbeit mit der vitalen Energie Qi.[8]

Das Fließen des Qi

In der energetischen Theorie der Akupunktur ist Qi Materie an der Grenzlinie zur Energie oder Energie am Punkt der Materialisierung und wird funktionell definiert als das, was »Bewegung im Körper/Geist begünstigt, den Organismus schützt …, für eine Reihe von Umwandlungen sorgt (Nahrung, Flüssigkeit und Luft zu Qi, Blut …), organische Funktionen am richtigen Ort fixiert … und den Körper wärmt.« (Seem 1994, S. 61)

In der traditionellen chinesischen Medizin werden energetische Phänomene im Organismus aufgeteilt in Erscheinungen von Qi (aktiver Energie), Blut (struktiver Energie), Säften (vergleichbar dem hormonellen Regulationssystem), »Ahnenenergie« und »Geist« (eine integrative Energie, die unterschiedlichste Funktionen zu ganzheitlichem Wirken zusammenschalten kann).

Durch die Praxis des Qigong soll ein freier Fluss des Qi erreicht werden. Gemäß der Auffassung der chinesischen Medizin gilt Krankheit in erster Linie als Ausdruck einer energetischen Störung, hervorgerufen durch äußere und innere Ursachen, die sich u. a. als Überschuss, Mangel oder qualitative Veränderung des Qi in bestimmten Funktionssystemen äußert. Wird der freie Fluss des Qi erreicht, kann der Organismus gesunden, weil dessen Selbstheilungskräfte aktiviert, gewissermaßen »freigelegt« wurden. Das Qi fließt auf Leitbahnen, den sogenannten Meridianen; diese verbinden die Körperoberfläche mit inneren Abläufen. In mancher Hinsicht sind sie dem ähnlich, was wir im Westen als Blutbahnen und Nerven bezeichnen. Es wird angenommen, dass sie durch ein unsichtbares Netz den Blutkreislauf und die von den Nervenenden ausgehenden Impulse steuern und so diese zum Funktionieren anregen. »Mit anderen Worten ist das meridian-energetische System die *Physik des Körper/Geists* und die Grundlage für dessen Biochemie.« (Seem 1994, S. 63)

Das dynamische Prinzip, das den Fluss des Qi sowohl im Mikrokosmos des menschlichen Körpers als auch im Makrokosmos regelt, ist das Zusammenspiel von *Yin* und *Yang*, zweier »Kräfte«, die jedoch keine fixen Kräfte sind, sondern vielmehr einen Rahmen zur Kategorisierung aller Erscheinungen und Bewegungen darstellen, die alle sowohl einen Yin- als auch einen Yang-Aspekt aufweisen.

»Die chinesische Philosophie postuliert, dass alle Dinge aus zwei komplementären Kräften bestehen. Yin-Kräfte sind solche, die den Organismus stützen und konservieren, die sich ruhig verhalten, kondensieren und konservieren … es sind Kräfte, die latent bleiben und darauf warten, organisiert zu werden. Sie stellen das Potenzial des Körper/Geists dar. Yang-Kräfte hingegen sind solche, die hervorbringen und in Bewegung setzen, Transformation und Veränderung bewirken, sich ausdehnen, zusammenbrechen und sich verflüchtigen. Das bedeutet, dass es sich hier um organisierende, dynamische Prinzipien handelt.« (Seem 1994, S. 41)

Die »Drei Schätze« Jing, Qi und Shen

Jing, die »Ahnenenergie«, »ist das von den Eltern übernommene konstitutionelle Potenzial und meint den genetischen Code, der die Wachstumsprozesse des gesamten Lebens bestimmt. (Es) ist die Basis von Fortpflanzung und Entwicklung und wird im Leben gesättigt durch die reinen Aspekte, die aus der Luft, der Nahrung und dem Essen bezogen werden.« *Shen* (Geist) hingegen »betrifft die Vitalität des Einzelnen, das, was aus ihm diesen und keinen anderen Menschen macht. Ein Mensch mit Geist ist jemand, dessen Kraft klar eingesetzt und von anderen wahrgenommen wird.« (Seem 1994, S. 61)[9]

Der Weg der Selbstkultivierung besteht darin, die »Drei Schätze« Jing, Qi und Shen zu harmonisieren. Der Weg dahin heißt *Neigong*, »innere Arbeit.«

Der Himmlische Kreislauf

Versteht man die Drei Schätze als »Sphären«, so bezeichnet Jing die körperliche Sphäre, also den Bereich der biologischen und Sexualenergie, Qi die energetische Sphäre, also den Bereich affektiver und emotionaler Energie, und Shen die mentale Sphäre. Jing hat seinen Sitz im Unterbauch, Qi in der Brust und Shen im Kopf. Diese Zuordnung wird in den daoistischen Schriften durch die drei *Dantian* ausgedrückt (wörtlich »Schmelztiegel«), von denen jedes der Sitz einer der Drei Schätze ist: Das untere Dantian im Unterbauch ist das Zentrum von Jing, das mittlere Dantian in der Herzgegend der Sitz des Qi, und im oberen Dantian zwischen den Augen wohnt der Geist. Die Vereinigung der Drei Schätze – die alle eine Erscheinungsform von Qi sind – geschieht im unteren Dantian, das aus biomechanischer Sicht das körperliche Zentrum der Schwerkraft ist. Die mentale und die energetische Sphäre des Körpers sind also im Vitalitätszentrum des Unterbauchs verankert. Um die Verbindung der drei Dantian zu erreichen, muss das Qi, ausgehend vom unteren Dantian, durch den Körper kreisen und so alle drei Dantian verbinden. Dieser Kreislauf heißt »Himmlischer Kreislauf«, er ist die Grundlage aller Formen der Selbstkultivierung im Osten.[10]

Ziel ist es also, den Fluss der Vitalenergie Qi so zu lenken, dass die Energie auf den beiden Hauptmeridianen des Körpers einen Kreis oder ein sich drehendes Rad bildet – auf der Rückseite des Körpers aufwärts, über den Kopf bis zum Gaumen (*Dumai-Meridian*) und auf der Vorderseite abwärts bis zum Unterbauch bzw. Perineum (*Renmai-Meridian*). Diese Richtung ist nicht von Natur aus vorgegeben, sondern muss durch Übung erworben werden, denn beide Hauptmeridiane sind die einzigen Bahnen, auf denen das Qi auch in anderer Richtung fließen kann. Alle Formen des Qigong gründen auf dem Himmlischen Kreislauf, sowohl real, indem versucht wird, den Kreislauf durch Meditation tatsächlich herzustellen, als auch symbolisch in dem Sinn,

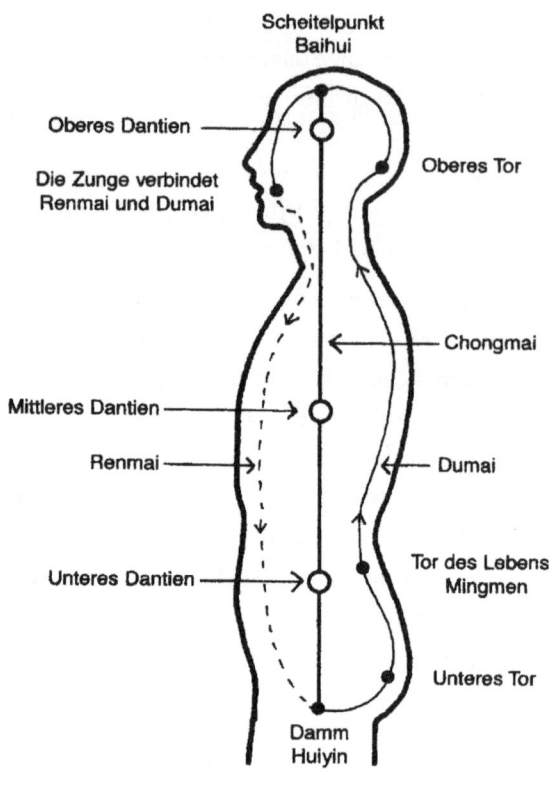

dass die Körperbewegungen ihn nachvollziehen, also so ausgeführt werden, dass sie ihn fördern und nicht gegen ihn gerichtet sind.[11] So erklärt sich die verbreitete Anweisung für Qigong und Taijiquan, die Brust beim Üben »einsinken« zu lassen oder »einzuziehen«, zunächst einmal daraus, dass eine »Heldenbrust« das Qi daran hindern würde, auf der Körpervorderseite zurück ins untere Dantian zu gelangen.

Der Übungsweg, den Himmlischen Kreislauf in Gang zu bringen, ist bestimmt durch eine aufrechte Körper- bzw. Rumpfhaltung, durch Einsatz des leeren Geistes, der, frei von Gedanken, sich auf den Weg des Qi konzentrieren kann, sowie durch bestimmte Atemtechniken. In der Meditation und dem Stillen Qigong gehen die Meinungen auseinander, welches der richtige Weg zum Umgang mit dem Qi sei. Die Bandbreite reicht vom Erreichen absoluter Stille des Geistes als Voraussetzung dafür, dass das Qi von allein fließt, über dessen bewusstes Lenken mittels der Vorstellungskraft bis hin zum aktiven Einsatz des Atems als Motor, der das Qi[12] antreibt.

Der geistige Aspekt, der die Bewegungen führt, heißt *Yi*.[13] Wie beim Verständnis von Qi ist die Praxis, auf die man sich bezieht, entscheidend dafür, wie dieser Begriff verstanden wird. »Vorstellungskraft«, die beim Stillen Qigong ausreicht, den inneren Qi-Fluss zu lenken, muss bei Bewegungen verstanden werden als geistige Aktivität, die ein gerichtetes, absichtsvolles Tun initiieren und führen kann.

Der Atem

In der daoistischen Meditation werden zwei grundsätzlich unterschiedliche Arten der Atmung beschrieben: die *normale* oder *natürliche* Atmung und die *umgekehrte* oder *paradoxe* oder auch *geordnete* Atmung.

Die *normale* Atmung, auch *Bauchatmung* genannt, »umfasst eine Einatmung, die bis zum Unterbauch geht, und eine Ausatmung, die vom Unterbauch (herkommt). Atmet man ein, so füllt die Luft alle Teile der Lunge, diese dehnt sich nach unten und drückt das Zwerchfell abwärts. Dabei entspannt sich der Brustkorb, und der Bauch dehnt sich. Beim Ausatmen zieht sich der Bauch zusammen und drückt das Zwerchfell aufwärts gegen die Lungen, aus denen so die unreine Luft gepresst wird.« (Lu K'uan Yü 1984, S. 212)[14]

Die *umgekehrte* Atmung dagegen kehrt die Atembewegungen um: »Sie ist tief und fein, geht auch bis zum Bauch wie die natürliche Atmung, jedoch mit entgegengesetzten Expansions- und Kontraktionsbewegungen des Unterbauchs und den entsprechenden Aufwärts- und Abwärtsbewegungen des Zwerchfells. Die Ausatmung ist langsam und zügig, wobei sich der Unterbauch dehnt. Dadurch wird dieser fest und voll … Die Einatmung ist langsam und zügig und füllt die sich dehnende Brust völlig, wobei sich der Unterbauch zusammenzieht.« (Lu K'uan Yü 1984, S. 213) Allgemein gilt, dass die normale Atmung eher entspannend und die umgekehrte eher anregend wirkt. Darüber hinaus gibt es Atemtechniken, die Mischformen aus beiden grundsätzlichen Formen darstellen.

Ein Sonderfall ist der *innere Atem*, der das Ziel der spirituellen Ausrichtung der daoistischen Meditation war, das »Kreisen des Lichtes« (Wilhelm/Jung 2005), bei welchem der äußere Atem stoppt und das Qi wieder zirkuliert wie beim Kind im Mutterleib und deshalb auch »Embryonalatem« genannt wird. Dieser innere Atem gehört jedoch zur daoistischen Meditation und nicht zum (Bewegungs-)Qigong; äußerste Reduktion aller physiologischen Abläufe, durch Stille im Sitzen und im Geist erlangt, ist nicht übertragbar auf eine Bewegungskunst.[15] Es stellt sich also die Frage, welche Art des Atmens, die normale oder die umgekehrte (geordnete) für die jeweilige Person die geeignete ist. »Als ich mit meinen Übungen begann, empfand ich die geordnete Atmung als überaus hilfreich. Darum habe ich sie in der ersten Ausgabe dieses Buches empfohlen. Seitdem haben mir einige Leser geschrieben, dass sie nicht in der Lage seien, so zu üben. Ist also die geordnete Atmung nicht übbar, dann empfehle ich dem Leser, die natürliche Atmung zu üben. Sie ist frei von allen Belastungen.« (Lu K'uan Yü 1984, S. 214)[16]

Der Vorrang des Geistes bei der Selbstkultivierung

Auf dem Weg der Selbstkultivierung spielen in den meditativen Praktiken des Daoismus die Drei Schätze Shen, Jing und Qi eine wichtige Rolle. Trotzdem ist ihre Position nicht gleichwertig; auch wenn Geist (*Shen*) und Körper (*Xing*) »existenziell nicht voneinander zu trennende Polaritäten darstellen« (Hertzer 2006, S. 203), kommt dem Shen die Führungsrolle zu.

Diese Führungsrolle des Geistes wird ausgedrückt mit der Maxime *Yi-Qi-Jin*. *Yi* bezeichnet das Mentale – Vorstellungen, Gedanken, Intentionen, auch im Sinne von mentaler Steuerung oder geistiger Führung. Das Mentale (Yi) führt die Bewegungen, die so beschaffen sein müssen, dass sie den Fluss des Qi ermöglichen und befördern. Yi-Qi-Jin bedeutet also, dass der Geist die Bewegungen führt und Qi und Körper seinen »Vorstellungen« folgen, damit die Innere Energie (*Jin*) entstehen kann. Es gilt also der Satz: *Geistig geführtes Qi wird zu Jin, der wesentlichen inneren Kraft oder Energie.* Diese Doktrin zeichnet das Innere Taijiquan besonders aus, ist aber auch ein entscheidendes Kriterium für die in diesem Buch vorgestellten Qigong-Übungen.

Ein Ausflug in die Kampfkünste

Jin, die innere Energie

Alle asiatischen Kampfkünste, die *äußeren* (*Weijiaquan*) wie die *inneren* (*Neijiaquan*), haben das Ziel, die »wesentliche« Kraft oder Energie Jin zu entwickeln, die sich von der naturwüchsigen »rohen« Kraft (*Li*) unterscheidet. So verschieden die Kampfkunst- oder Kampfsportstile in ihren Techniken und Zielsetzungen sind, so verschieden ist auch das jeweilige Jin, das sie entwickeln. *Äußere* Kampfkunst trainiert den Geist vornehmlich, um den Körper zu stärken und abzuhärten, der ohne geistige Unterstützung keine Ziegel mit der Handkante durchhauen und keinem Speer, der gegen ihn gedrückt wird, standhalten könnte.

Die Verbindung von Geist und Körper in den *Inneren* Kampfkünsten –*Taijiquan, Baguazhang, Xingyiquan* –, in denen der Geist den Körper nicht *besiegen*, sondern ihn *führen* soll, führt zu einer ganz anderen Art von Jin.[17] Die Qigong-Übungen, die in diesem Buch vorgestellt werden, entstammen dem Umkreis des Inneren Taijiquan. Sie enthalten in sich alle Prinzipien, die zu einem sicheren, verwurzelten Stand führen und zur federnden Spannkraft von Jin, die so ganz anders ist als starre Muskelkraft und »plumpes« Körpergewicht; Entspannung ist dabei nicht Selbstzweck, sondern »Beigabe«, da Voraussetzung für die Ausführung der Übungen. Jin kann erprobt werden in Tests mit einem Übungspartner, die aber nur dazu dienen, die eigene Praxis zu verifizieren. Es geht nicht um das Erlernen von Techniken, mit denen man unter Umständen kämpfen könnte – wie sie den Taiji-Bewegungen zugrunde liegen –, sondern allein um die Entwicklung der eigenen Vitalität, Geschmeidigkeit und Standfestigkeit.

Yi-Qi-Jin: Energie mobilisieren

Entscheidend dafür, ob die Übungen *Jin* entwickeln können, ist, die Bewegungen *vor* ihrer tatsächlichen Ausführung im Geist vorwegzunehmen. Die Wissenschaft hat herausgefunden, dass der Körper bereits auf die Vorstellung von Bewegung reagiert, dass also eine unwillkürliche Innervation stattfindet, bevor willkürliche Muskelkraft zur tatsächlichen Ausführung der Bewegung führt (Carpenter-Effekt).[18]

Das Besondere am Inneren Qigong und Tajiquan ist, dass nach der geistigen Vorwegnahme einer Bewegung bei der anschließenden realen Ausführung überhaupt *keine willentliche Muskelkraft* eingesetzt werden muss. Trotzdem sind die Bewegungen stark und entwickeln eine erstaunliche Kraft – eben durch die Aktivierung des bio-elektrischen Kraftfeldes durch den Geist. Dieses Kraftfeld wird durch Yi »eingeschaltet«, seine innere Struktur wird aktiviert und kann als reale Kraft wirksam werden. Diese Kraft ist verschieden von willkürlich angespannter Muskelkraft und von der Schwungkraft, die aus der Bewegung des Körpergewichts kommt.

Was bedeutet Yi-Qi-Jin praktisch?

Yi-Qi-Jin bedeutet zum einen ein *Spüren* oder *Sich-Einfühlen* in körperliche Vorgänge oder Abläufe, zum anderen aber vor allem, die Bewegungen *vor ihrer Ausführung* bereits in der geistigen Vorstellung *vorwegzunehmen*. Um eine Bewegung zu veranlassen, gibt es unterschiedliche Möglichkeiten. Diese reichen vom instrumentellen Beherrschen des Körpers durch den Geist (den Willen), wie etwa beim Militär oder im Leistungssport, bis hin zur unkontrollierten Bewegung des Körpers, etwa in Ekstase oder bei Epilepsie. So ergibt sich eine Skala, die vom Körper-Haben, der willentlichen Steuerung, bis zum Körper-Sein, der unkontrollierten Bewegung (oder Bewegungslosigkeit), reicht. Zwischen den eben beschriebenen Extremen liegen weitere Möglichkeiten, z. B. im Tanz, bei dem kontrolliert erlernte Bewegungen frei werden, das Pendel also vom Körper-Haben zum Körper-Sein ausschlägt, oder in den Kampfkünsten. Im Spiel sind die Bewegungen hingegen spontan, d. h., der Körper folgt unmittelbar äußeren oder inneren Anstößen, sei es ein Ball, auf den er reagieren muss, sei es eine Figur oder eine Situation bei einer Theaterimprovisation, die sich sozusagen des Körpers bedient, um »Gestalt anzunehmen«. Diese Bewegungen werden freilich vom aufmerksamen Geist begleitet, sodass der Wechsel von Körper-Sein zu Körper-Haben hier changierend, aber jederzeit bewusst ist.

Voraussetzung für das korrekte Ausführen von Qigong und Taijiquan ist, dass der Geist (die Aufmerksamkeit) derart in den Bewegungen steckt, dass die Bewegungen gespürt werden können und in keiner Phase bloß mechanisch ablaufen. Das bloße *In-der-Bewegung-Sein,* also das lediglich aufmerksame Begleiten der Bewegung, ist zwar eine schöne Erfahrung, führt aber noch nicht zum vitalen Potenzial des Qi: Jin, die Kraft, die *aus innerer Energie* resultiert, kann so nicht entstehen.

Das klingt kompliziert, weil sich diese neue Praxis gegen zwei Gewohnheiten behaupten muss: Zum einen grenzt sie sich von der quasi militärischen Ausführung einer Bewegung ab, bei der der Einsatz des Geistes (des Willens) auf den Impuls für eine willkürliche Bewegung reduziert ist (Körper-Haben). Zum anderen unterscheidet sich die neue Praxis aber auch von vielen aus fernöstlichen Quellen stammenden Entspannungstechniken (Körper-Sein), die viele als Erlösung aus dem rigiden System der oben beschriebenen Selbstdisziplinierung begreifen. Diese beiden uns lieb gewordenen Gewohnheiten können aber die Kluft zwischen Körper-Haben und Körper-Sein nicht auflösen. Die Praxis des Yi-Qi-Jin in Qigong und Taijiquan vermag hingegen genau das.

KAPITEL 3

Die Lehre von den Atemtypen: Terlusollogie

Historisch gesehen hat der Versuch, Persönlichkeitsmerkmale oder -typen zu definieren, Tradition: von Hippokrates, der dem Menschen vier grundlegende »Temperamente«[19] zuschrieb, über C. G. Jungs Klassifizierung, die auf der nach außen (Extraversion) und der nach innen (Introversion) gerichteten Energiebewegung basiert, und den Körpertypen[20] von Ernst Kretschmer (1888–1964) bis hin zur konstitutionellen Theorie W. H. Sheldons (1899–1977) mit ihren drei Somatypen[21]. Diese Typisierungen mögen hilfreich sein, bergen aber auch die Gefahr, ein Etikett zu schaffen, hinter dem die Individualität der Menschen zurücktritt.

Die Lehre von den Atemtypen, von der hier die Rede sein soll, wurde von dem Musiker Erich Wilk (1915–2000) begründet. Während seines Violinstudiums fiel ihm die Verschiedenheit seiner Lehrer auf. Aufgrund seiner außergewöhnlichen Beobachtungsgabe und Sensibilität entwickelte Wilk die Theorie der zwei unterschiedlichen Atemtypen und wandte sein Wissen erfolgreich im medizinisch-therapeutischen Bereich an. Er veröffentlichte seine Entdeckung bereits 1948, sie blieb aber zunächst unbeachtet. (Erich Wilk, Typenlehre, Minden 1949; leider vergriffen)[22]

Es war wohl einfach nicht der richtige Zeitpunkt, so kurz nach der Zeit des Nationalsozialismus, in der Typenlehre als Rassenlehre missbraucht wurde, mit einer neuen Typenlehre hervorzutreten. Nach einem halben Jahrhundert Erfahrung mit der von Wilk vorgenommenen Typisierung scheint die oben beschriebene Gefahr der Egalisierung von Individualität jedoch dabei nicht zu existieren. Vielmehr wirkt die Zuordnung zu verschiedenen Atemtypen als Matrix, auf deren Grundlage sich manche Anlagen erst entwickeln, sich Schwierigkeiten oder gesundheitliche Probleme eines Individuums erst verstehen oder angehen lassen. Diese Typenlehre beschäftigt sich direkt mit der Quelle der Energie, die den Körper erst formt, – dem Atem. Nach den, wenn auch erst seit Kurzem, von den Autoren gemachten Erfahrungen in Qigong und Taijiquan empfinden die Teilnehmer ihrer Kurse die Zuordnung zu ihrem Atemtyp nicht als einengend, sondern als befreiend.

Die Pioniere: Erich Wilk und Charlotte Hagena

Die zwei verschiedene Atemtypen, die Erich Wilk in den 30er- und 40er-Jahren des vergangenen Jahrhunderts entdeckte, sind die *Ausatmer*, die ihre innere und äußere Kraft beim Ausatmen gewinnen, und die *Einatmer*, die ihre Kraft aus dem Einatmen schöpfen. Er fand heraus, dass offenbar der Geburtstermin für die jeweilige Prägung verantwortlich ist. Überwiegt die Sonnenenergie zum Zeitpunkt der Geburt, führt dies zu einem ausatembetonten Atemtyp, ist dagegen die Mondenergie stärker, prägt diese den Einatmer[23]. Seine Kriegserlebnisse als Soldat in der Sahara vertieften diese Einsichten Wilks noch: Warum kamen einige mit der Hitze besser zurecht als andere? Nach dem Krieg gab er seine Erkenntnisse in medizinisch-therapeutischer Arbeit weiter. Auf diese Weise kam es zum Zusammentreffen mit der Kinderärztin Dr. Charlotte Hagena, die durch ihn von schwerer Krankheit geheilt wurde. In den folgenden vierzig Jahren erprobte sie das Konzept der Atemtypen in ihrer Praxis und fand heraus, dass jeder Atemtyp ganz spezifische Verhaltensmodi in der Ernährung und Bewegung befolgen sollte, um gesund zu bleiben oder zu werden. Zusammen mit ihrem Sohn, Christian Hagena, nannte sie das System *Terlusollogie*.[24]

»Terlusollogie ist die Lehre der gegensätzlichen Einflüsse von Sonne und Mond auf den Menschen. Die zum Zeitpunkt der Geburt dominante Energie entweder des Mondes oder der Sonne bewirkt eine zeitlebens anhaltende physische und psychische Prägung. Die jeweils überwiegende Energie lässt sich einfach berechnen, das Ergebnis bildet die Grundlage für eine höchst effiziente Diagnose- und Therapieform. Von zentraler Bedeutung ist die Atmung. So unterscheidet die Terlusollogie zwei polare Atemtypen, den Einatemtyp und den Ausatemtyp. Die Körperhaltungen Sitzen, Stehen, Gehen und Liegen sowie die Ernährung richten sich nach dem Atemtyp aus und unterstützen die Atemfunktion. Um Körper, Geist und Seele dauerhaft in Harmonie zu halten, ist es notwendig, sich seinem naturgegebenen Atemtyp entsprechend zu verhalten. Typenwidriges Verhalten führt zu Unwohlsein, Leistungsminderung, bis hin zu Krankheit. Nach Berechnung des Atemtyps lassen sich Störungen oder Krankheiten mit Hilfe speziell entwickelter körperlicher Übungen und typengerechter Ernährung beseitigen.« (Hagena 2000)

Heute findet die Terlusollogie vor allem in Kreisen der Körpertherapeuten, Yoga-Lehrer, Hebammen, Logopäden, Stimmbildner, Sänger, Sprecher und Schauspieler Anwendung, und seit kurzer Zeit zum ersten Mal auf dem Gebiet von Qigong und Taijiquan.[25]

Die Atemtypen

Bei der Beschäftigung mit den Atemtypen ist die Unterscheidung zwischen *Ruhe-atmung* und *Leistungsatmung* von Bedeutung. In Ruhe oder zum Zweck des Ent-spannens sind die Atemtypen relativ irrelevant, d. h., es kann jeder die Art des Atmens nach Belieben wählen. Geht es aber darum, eine körperliche Leistung zu vollbringen, bei der der Atem viel intensiver eingesetzt wird als in Ruhe, dann kommt die Beachtung des individuellen Atemtyps zum Tragen. Der Einatmer (oder *lunare* Atemtyp) schöpft seine Kraft aus dem aktiven Einatmen: Der Brust-korb weitet sich, die Energie steigt nach oben und gewinnt Weite, das Ausatmen erfolgt danach passiv als Loslassen. Die Brust bleibt bei der Leistungsatmung wie in der Einatmungsstellung weit und sinkt nicht ein. Der Ausatmer (oder *solare* Atemtyp) hingegen atmet aktiv aus und gewinnt daraus seine größte Kraft: Die Flankenmuskulatur zieht sich zusammen, die Lunge und der Brustkorb verengen sich, das folgende passive Einatmen geschieht wie von selbst in die Flanken, den Unterbauch und das Becken hinein, die sich ausdehnen bzw. weiten. Die ebenfalls mit den Prinzipien der Terlusollogie arbeitende Gesangspädagogin Brigitta Seid-ler-Winkler schreibt dazu in Ihrem Buch »Im Atemholen sind zweierlei Gnaden«:

»Der *Lunare* (von Erich Wilk auch als Dynamiker bezeichnet) agiert ›inter-vall-energetisch‹. Gemäß der lunaren Prägung beeinflusst er sein Atem-›ho-len‹. Sein Energiepotenzial bezieht er aus der Einatmung. Er steuert seine Luftaufnahme, muss aber den Atem reflektorisch gehen lassen. Auf die In-spiration kann aktiv Einfluss genommen werden (eutonische Spannung), die Luftabgabe tätigt der Körper reflektorisch (Entspannung). … Je mehr Freude er an seiner Arbeit hat, desto häufiger atmet er ein bzw. dehnt er sich aus und kann durch dieses Leistungsprinzip zum Dauerbrenner wer-den.« (Seidler-Winkler 2004, S. 27/28)

»Der *Solare* (Erich Wilk nennt ihn den Statiker) steuert seine Atemabgabe bewusst und kontinuierlich. Mit anderen Worten, er kontrolliert die Herausgabe. … Lebt der Solare seinem Atem-Gesetz gemäß, steigert er die Energie in seinen aktiven Phasen kontinuierlich (Spannkraft). So entspricht sein Aktionsradius in einer Alltagssituation ebenfalls einer intensiven Ausatmung. Gegen Ende einer Phase/Phrase müssen Atem und Energie bisweilen beschleunigt werden, weil sie sonst stauen … Solare Erholung [in der Einatmung] erfolgt reflektorisch und beansprucht nicht viel Zeit.« (Seidler-Winkler 2004, S. 26)

Kapitel 4

Frieder Anders: Meine Erfahrung

Ich übe seit 1973 Qigong und Taijiquan. Nach verschiedenen Studienaufenthalten in New York, London und Taiwan begann ich 1979 in London bei Meister K. H. Chu meine insgesamt über 25 Jahre dauernde Ausbildung im Qigong und im authentischen Taijiquan des Yang-Familienstils. Als ich mich Mitte 2005 von ihm trennte, entdeckte ich, dass sowohl er als auch ich Einatmer sind. Dies bedeutet, dass ich die ganze Zeit produktiv von ihm lernen konnte, weil ich nur seinem Vorbild zu folgen brauchte. Bei dem Versuch jedoch, meinen fortgeschrittenen Schülern die sehr spezielle Atemmethode des Qigong und des Taiji nahezubringen, war ich die Jahre über nur »halb« erfolgreich gewesen.

Es waren, wie ich nun entdeckte, die Solaren, also die Ausatmer, unter meinen Schülern, die mit den lunaren Einatmertechniken von Meister Chu gar nichts anfangen konnten. Daraus folgte der Entschluss, den Ausatmern zu ihrem Recht zu verhelfen, ihre eigene innere Energie zu entwickeln. Es stellte sich in der Arbeit heraus, dass die Prinzipien der Terlusollogie, Körperhaltung und Bewegung betreffend, auf Qigong[26] und Taiji übertragbar waren, mehr noch, dass die Unterschiede zwischen berühmten Taiji-Meistern in Körperhaltung und Bewegung darauf zurückzuführen sind, dass sie unterschiedlichen Atemtypen angehören.[27]

AtemtypQigong

Die Qigong-Grundhaltung

Die atemtypspezifische Sitzhaltung ist der Schlüssel zur Grundhaltung des Atem-typQigong, denn diese Haltung kann fast unmittelbar auf das AtemtypQigong übertragen werden, da die Qigong-Grundhaltung als »Sitzen im Stehen« verstan-den wird. Überträgt man die üblicherweise praktizierte Sitzhaltung der Medita-tion – auf den Sitzhöckern sitzend, mit aufgerichtetem Rumpf (Abb. links) – ...

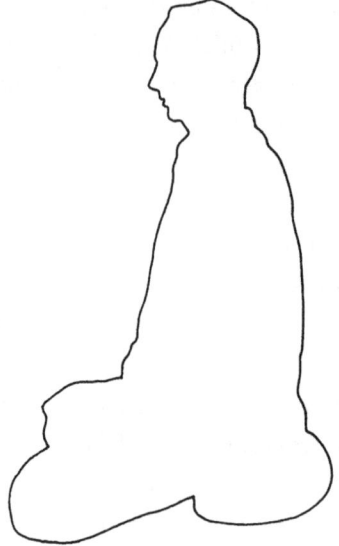

Meditationshaltung, wie sie z. B. im
Soto-Zen praktiziert wird

... auf die Qigong-Grundhaltung (Abb. rechts), sieht das so aus:

Grundhaltung im Qigong

Dies könnte man als »Standardhaltung« bezeichnen, die nur geeignet ist, um Qi-gong als Entspannungsübung zu praktizieren.

Die atemtypspezifische Grundhaltung.

Die verschiedenen Atembewegungen beim Einatmer (lunarer Atemtyp) und beim Ausatmer (solarer Atemtyp) formen den Körper unterschiedlich. Die normale oder natürliche Atmung der daoistischen Meditation entspricht prinzipiell der Atmung des Ausatmertyps, die umgekehrte Atmung der des Einatmers. Geschieht der Atemvorgang im Bauch-Becken-Raum, wie es idealtypisch für den Ausatmer gilt, so hat das eine ganz andere Beckenhaltung bzw. Körperhaltung zur Folge als beim Einatmer.

 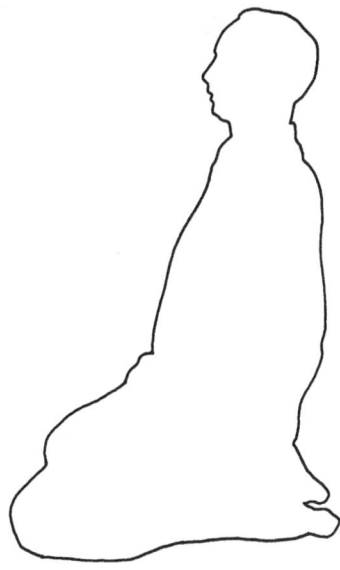

Solare Sitzhaltung –
der Rumpf ist aus der Senkrechten
leicht nach vorn geneigt

Lunare Sitzhaltung –
der Rumpf ist aus der Senkrechten
leicht nach hinten geneigt

Überträgt man die Prinzipien der lunaren und solaren Körperhaltung im Sitzen auf die AtemtypQigong-Grundhaltung, so ergibt das für den Lunaren folgendes Bild:

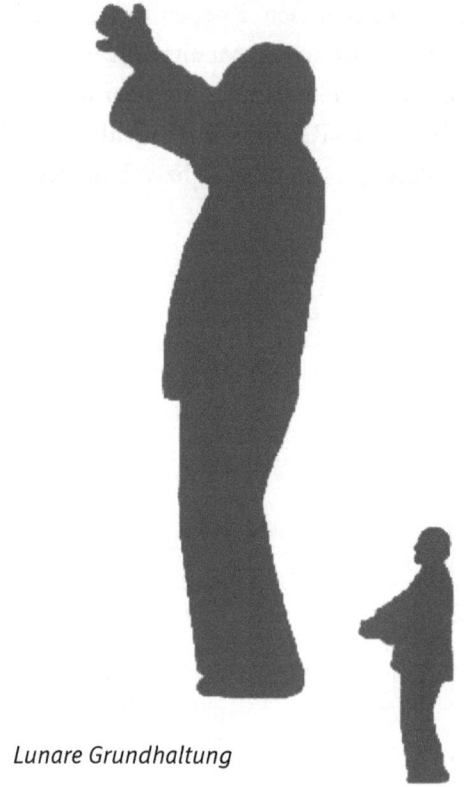

Lunare Grundhaltung

Das Becken des Einatmers – als »Verengungszone«, in der nicht geatmet wird – muss dem Atem ermöglichen, in den Brustraum hochzusteigen, wo der Atemprozess stattfinden soll. Das Becken des Einatmers ist daher leicht nach hinten[28] gekippt, damit die Wirbelsäule ganz gerade oder sogar ein bisschen gerundet wird, um die »umgekehrte« Atmung zu ermöglichen. Dabei stützt das aufrechte Kreuz des Einatmers dessen Wirbelsäule und lässt sie sich nach oben strecken. Die Wirbelsäule »steht« also auf dem Becken, das seinerseits von Knochen und Gelenken der Beine gestützt wird. Das hat wiederum Auswirkungen auf die Kopfhaltung einerseits und auf die Belastung der Füße andererseits. Der Einatmer lässt das Kinn frei und balanciert den Kopf auf der aufstrebenden Wirbelsäule quasi im freien Spiel nach oben. Die Belastung der Füße bei Bewegungen wechselt, je nach Bewegung, beim Einatmer deutlich zwischen Ferse und Zehen.

Beim Ausatmer oder Solaren sieht es hingegen so aus:

Solare Grundhaltung

Der Ausatmer braucht ein leichtes Hohlkreuz, damit das Becken entspannt »hängen« kann, um die Atmung zu ermöglichen. Das Becken ist dabei leicht nach vorn gekippt. Die Beckenhaltung hat wiederum Auswirkung auf die Wirbelsäule: Das Hohlkreuz des Ausatmers trägt diese nicht im eigentlichen Sinne, sondern fängt sie eher auf. Mit anderen Worten, die Wirbelsäule des Ausatmers hängt und wird nicht vom Becken getragen, sondern von den Muskeln und Sehnen des Rückens und der Beine. Der Ausatmer sollte den Kopf anheben, aber so, als sei er »getragen wie von einer Schnur«, wie es im Taiji heißt. Er muss also mit dieser Anhebung des Kopfes die Aufrichtung seines Körpers »auslösen«, der sonst, dem Zug der Schwerkraft folgend, nach unten sinken würde. Dabei ist der Spielraum, in dem das Gewicht in den Füßen sich verlagern kann, geringer als beim Einatmer und beschränkt sich auf Bewegung um die Fußmitte, also zwischen Fersenbalkon[29] und Fußballen.

Körperspannung

Auch die Körperspannung ist bei den Atemtypen verschieden. Wenn die unterschiedlichen Arten des Atmens unterschiedliche Auswirkungen auf die geistig-körperliche Befindlichkeit haben – Bauchatmung wirkt entspannend, umgekehrte Atmung belebend –, so ist leicht nachvollziehbar, dass auf der Ebene des Atemtypus dadurch ein eindeutiger Prägnanztyp geschaffen wird, die vorherrschende Art des Atmens also den Körper in seiner Haltung prägt.[30] Der Muskeltonus des Ausatmers ist »normalerweise« zu hoch, der des Einatmers zu niedrig. Um an ihre innere Kraft zu kommen, muss der »idealtypische« Zustand angestrebt werden: Loslassen und Abgeben von Spannung durch das Ausatmen für den Solaren, Einatmen und damit einen höheren Tonus aufbauen für den Lunaren. Für den Ausatmer bedeutet dies, dass in der Grundposition Sinken und Entspannen direkt umgesetzt werden müssen. Der Ausatmer hängt beim AtemtypQigong tatsächlich wie eine Marionette: das Sinken aktiv, die Aufrichtung passiv, lediglich durch die Vorstellung der Schnur induziert, die den Brustkorb wie ein Fischnetz oder eine Reuse hält. Dagegen geschieht beim Einatmer aus dem Sinken heraus sogleich eine Aufrichtung. Er darf »entspannen« keinesfalls als totales Erschlaffen der Muskulatur verstehen, als das es ja häufig interpretiert wird, sondern muss den höheren Muskeltonus, der durch den Einatemvorgang entsteht, zulassen. Bleibt man bei dem Bild der Puppen, so stünde der Marionette des Ausatmers die Stockpuppe des Einatmers gegenüber. Dieser entspricht die von unten gestützte Aufrichtung.

Atemenergetik

Ruheatmung und Leistungsatmung

Beide Grundhaltungen sind keine einfachen Entspannungspositionen, sondern Haltungen, die bereits den Kern der inneren Energie Jin in sich enthalten: Sie ermöglichen entweder aktives Einatmen oder aktives Ausatmen als Weg zur eigenen Kraft. Die Betonung liegt dabei auf *aktiv*. Es geht hier also um die Unterscheidung von *Ruheatmung* und *Leistungsatmung*.[31] Wie bereits erwähnt, sind in Ruhe oder zum Zweck des Entspannens die Atemtypen relativ irrelevant, d. h., es kann hier jeder die Art des Atmens nach seinem Belieben wählen. Geht es aber darum, eine körperliche Leistung zu vollbringen, bei der der Atem viel intensiver eingesetzt wird als in Ruhe, dann ist die Beachtung des Atemtyps unbedingt geboten.

Ausatmer und Einatmer: zwei Pyramiden

Die Typologie des Aus- und des Einatmers kann durch das Bild der Pyramide oder des Kegels verdeutlicht werden: die Energie des Einatmers mit einem Kegel, der auf der Spitze steht, und die des Ausatmers mit einem »normalen« Kegel, der breit auf seiner Grundfläche ruht.

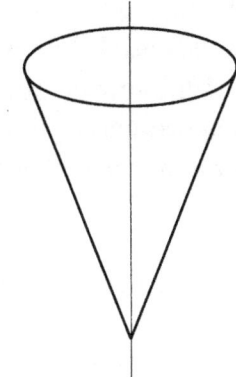

Umgekehrter Kegel

Die Basis des Einatmers ist schmal und potenziell punktförmig. Von diesem Punkt aus – dieser auf dem Boden ruhenden Spitze – steigt die Energie zuerst auf zum Himmel, einer Fontäne vergleichbar, um beim Ausatmen wieder zurückzusinken. Die verschiedenen Energiebewegungen in den jeweiligen Kegeln können erahnt werden, wenn man sich vorstellt, diese mit Wasser zu füllen.

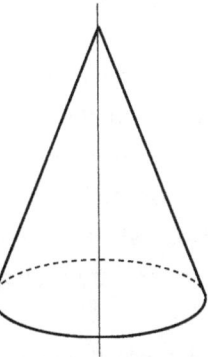

Normaler Kegel

Die Basis des Ausatmers ist dagegen breit, seine »Spitze« oben, über seinem Kopf. Die Energie breitet sich beim Ausatmen, in die Basis der Pyramide hinein, glockenförmig nach unten aus, um dann, immer noch ausatmend, im Körper aufzusteigen. Das Einatmen füllt danach das Reservoir für diesen Prozess im Unterbauch von Neuem. Wenn nun also die Ausdehnung der Energie beim Einatmer nach oben weit wird – wie ein Trichter –, sich beim Ausatmer dagegen zur Erde in die Grundfläche des Kegels hinein ausbreitet, erklärt das sowohl die verschiedenen Arten der Aufrichtung im AtemtypQigong wie auch die verschiedenen Arten der Atmung: Einatmer brauchen die umgekehrte Atmung, um durch sie die Energie aufsteigen zu lassen, Ausatmer die normale Atmung, die das Ausatmen betont, damit sich ihre Energie in ihre möglichst große Basis hinein ausbreiten kann. Dies wird durch die leicht schräge Körperhaltung unterstützt.

Der Große Himmlische Kreislauf

Zirkuliert der *Kleine Himmlische Kreislauf* ausschließlich im Rumpf (siehe Abb. S. 18), so werden beim *Großen Himmlischen Kreislauf* (siehe Abb. S. 35) die Extremitäten mit einbezogen. Er wird im Gegensatz zum Kleinen Himmlischen Kreislauf beim Stehen in der Grundhaltung relevant, da beim Sitzen die Extremitäten kaum notwendig sind und der Kleine Kreislauf somit auf den Rumpf beschränkt werden kann. Beim Stehen wird der Rumpf von den Beinen getragen, sodass es nun gilt, den Radius des Qi zu erweitern und Füße und Hände mit einzubeziehen. Das Stehen in der Grundhaltung stellt dabei die Matrix dar, auf der sowohl der Kleine wie auch der Große Kreislauf dargestellt bzw. praktiziert werden können.

Wird lediglich der Kleine Kreislauf mit in das Stehen einbezogen, so kann das daraus entstandene Qigong schwerlich die Jin-Kraft entwickeln – denn das Qi wird nicht *aktiv* mit dem Boden verbunden und kann die Verwurzelung nicht realisieren. *Aktiv* bedeutet hier, dass nicht allein mittels Yi (hier als bloße Vorstellung gemeint) Himmel und Erde verbunden werden, sondern dass die Körperhaltung biomechanisch so gestaltet sein muss, dass die optimale Anpassung an die Schwerkraft stattfindet.

Untersucht man den Großen Kreislauf auf die atemtypspezifischen Unterschiede hin, so lassen sich diese folgendermaßen darstellen:

Der Einatmer (siehe Abb. S. 36) regt den aufsteigenden Fluss des Qi mit seinem »paradoxen« Atem so an, dass er ihn gewissermaßen aktiv »hochzieht«, wie es

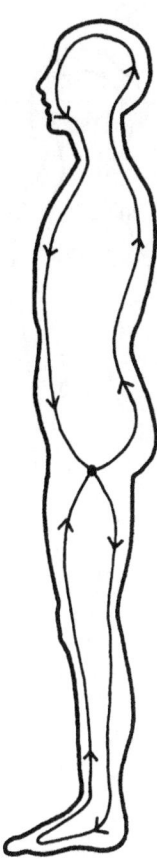

Großer Himmlischer Kreislauf

seinem Atemtyp, aktiv einzuatmen, entspricht. Der dabei eingezogene Unterbauch der paradoxen Atmung wirkt wie eine Schleuse, durch die das Qi hindurch muss in den sich weitenden Brustkorb hinein. Dies geschieht über den Rücken, da der Weg vorne durch die besondere Form des eingezogenen Unterbauchs »versperrt« ist. Der Unterbauch wölbt sich dabei so einwärts, dass er den Atem und das Qi in einer Spiralbewegung nach hinten umlenkt. Das Qi steigt – über den Rücken auf der Bahn des Lenkergefäßes (*Dumai*) – zum Scheitel und sinkt dann zur Oberlippe. Von dort wird es, mit Beginn des passiven Ausatmens, abgegeben: Immer noch in der Einatemspannung des Körpers tritt es über die Außenseiten der Arme nach außen und auf der Körpervorderseite – auf dem Dienergefäß (*Renmai*) – zurück zum Unterbauch, der sich weitet. Am Ende des Einatmens kann eine Atempause stehen, in der das Qi bereits in die sinkende bzw. sich ausbreitende Yang-Phase eintritt. Von der Bewegung des Dantians zum Perineum gelenkt, sinkt es von dort auf der Rückseite der Beine zurück zum Boden. Am Ende des Umlaufs schließt

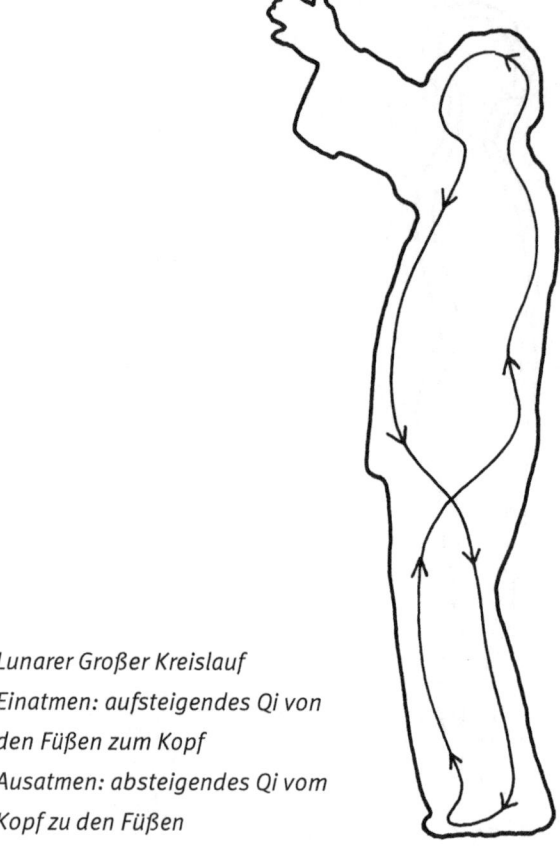

Lunarer Großer Kreislauf
Einatmen: aufsteigendes Qi von
den Füßen zum Kopf
Ausatmen: absteigendes Qi vom
Kopf zu den Füßen

sich sogleich, d. h. ohne Atempause, die nächste Phase mit dem Einatmen von den Füßen aus an.

Beim solaren Ablauf (siehe Abb. S. 37) dagegen wird das Qi mittels Verengung der Flanken durch die Beine direkt nach unten, zum Boden, »geschleudert«, unterstützt durch die leichte Kippung des Beckens, aus dem, gleichsam wie aus einem umgekippten Gefäß, Flüssigkeit ausgeschüttet wird. Der Weg ist dabei der gleiche wie beim Einatmer: Wie bei diesem wirkt der Unterbauch als »Schaltstelle«, an der das Qi in den Rücken umgelenkt wird, mit dem Unterschied, dass es nicht durch Einatmen »gezogen«, sondern durch Ausatmen »getrieben« wird.

Dieser »Auftrieb« wirkt so stark, dass das Qi mit dem Ende des Ausatmens in der anschließenden Atempause über das Dienergefäß wieder ins untere Dantian und zu Boden sinkt, dass also ein Umlauf des Großen Kreislaufs allein durch **eine** Atemphase bewirkt wird, nämlich durch das aktive Ausatmen, und nicht durch zwei wie beim Einatmer. Das wird möglich durch die Atempause beim Ausatmer, die am Ende der Ausatmung liegt und so die Ausatemphase verlängert, bis wieder eingeatmet wird. Die Einatmung erfolgt daraufhin passiv: Der Atem wird aufgenommen in den Beckenraum und den unteren Teil des Brustkorbs und die Flanken hinein, die sich reflexhaft weiten und den Atem einströmen lassen. Der obere Brustkorb darf sich dabei nicht ausdehnen – das würde das Qi daran hindern, ins untere Dantian zu sinken. Um diese ungünstige Brustatmung zu vermeiden, hilft die Vorstellung, das Qi würde über den Kopf den Rücken hinunter über den Damm zum Dantian zurückgeführt.

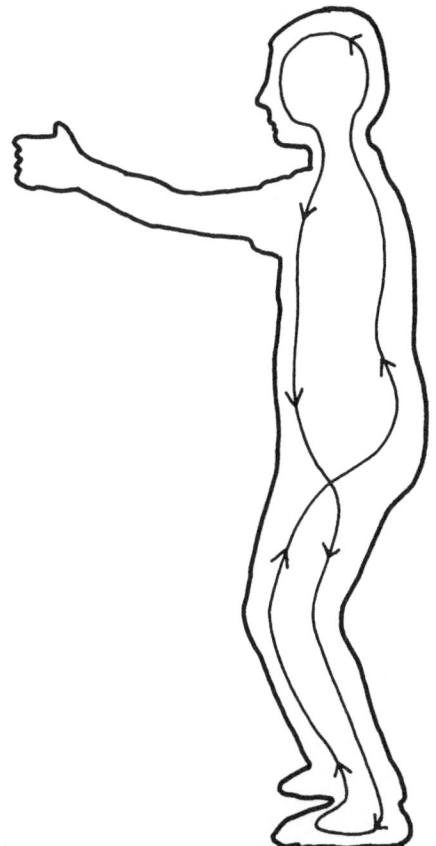

Solarer Großer Kreislauf
*Ausatmen: vom unteren Dantian aus absteigendes **und** zum Kopf aufsteigendes Qi (bildlich: gegen den Boden »geschleudertes« Qi »prallt« wie eine Billardkugel von der Bande ab)*
*Einatmen: Qi sinkt zurück ins untere Dantian über die Vorderseite des Körpers **und** den Rücken (Letzteres nicht eingezeichnet)*

Teil 2
Die Ausführung der Übungen

KAPITEL 5

Grundprinzipien

Es ist nicht erforderlich, bei der Ausführung der Übungen den inneren Verlauf des Qi zu lenken oder zu visualisieren. Führt man die Übungen entspannt, wach und gelassen aus, sorgen die Bewegungen von selbst für das Fließen des Qi. Ebenso wenig muss man sich auf den Atem konzentrieren im Sinne einer »Atemtechnik«. Wenn die Bewegungen richtig ausgeführt werden und der Atem korrekt mit diesen koordiniert wird (bei den Übungen mit geführtem Atem), entsteht mit der Zeit die atemtypspezifische Atmung von allein.

Ist man sich dessen bewusst, dass es bei den Übungen darum geht, die Bewegungen so einzusetzen, dass der atemtypspezifische Atem das Qi im unteren Dantian zentriert und auf den Bahnen des Großen Himmlischen Kreislaufs durch den Körper führt, wird man darauf achten, bestimmte Grenzen der Körperbewegungen einzuhalten und die Einheit des Körpers in jeder Bewegung zu wahren. Das bedeutet im Einzelnen:

1) DEN STAND UND DIE »VERWURZELUNG« BEWAHREN

Die Füße müssen korrekt belastet werden, bei den Lunaren meistens Fersen-betont[32], bei den Solaren meistens Mittelfuß-betont.[33] Die Knie sollen immer über dem zweiten und dritten Zeh des jeweiligen Fußes stehen.

2) DEN RUMPF AUS DEM KÖRPERZENTRUM HERAUSFÜHREN

Bei den Lunaren empfiehlt sich die Konzentration auf das untere Dantian kurz unter dem Nabel, bei den Solaren auf das sogenannte *Mingmen* in der Lendenwirbelsäule (am unteren Dornfortsatz des zweiten Lendenwirbels), das Körperzentrum auf der Rückseite des Körpers. Der »Motor« für die Bewegungen ist bei den Lunaren das Beugen der drei unteren Gelenke (Hüfte, Knie und Fuß); die Lendenwirbelsäule bleibt in sich gerade, tendenziell leicht konvex (nach außen gerundet). Um das zu erreichen, muss das Becken leicht nach hinten gekippt werden (vgl. Anmerkung 28), was aber nicht dazu führen darf, dass die Leisten sich schließen. Die Verbindung zum Boden muss gewahrt bleiben, damit das Körpergewicht an den richtigen Stellen in den Füßen ankommen kann – sonst gibt es keine Verwurzelung. Bei den Solaren ist der »Motor« das Kippen des Rumpfes um das Mingmen als Drehpunkt im leichten Hohlkreuz in der Lendenwirbelsäule: Das Becken »schaukelt« oder »wippt« um dieses Zentrum herum. Diese Körperpartie sollte nicht, im Bestreben den Körper zu dehnen, gerade gezogen werden. Ein leichtes Hohlkreuz ist gut für Ausatmer!

3) MIT DEN ARMBEWEGUNGEN DIE BRUST WEDER ÜBERDEHNEN NOCH EINENGEN

Die Stellung von Armen und Händen sollte immer so sein, dass die atemtypspezifische Form und Funktion des Brustkorbs erreicht und bewahrt werden. Bei den Lunaren sind die Arme daher runder und offener, damit der Brustkorb Platz zum Einatmen hat und sich weiten kann; die Ellenbogen sind so ausgestellt, als wollten sie nach oben schweben, wobei die Schultern jedoch keinesfalls mit hochgenommen werden dürfen.

Bei den Solaren sind die Arme länger und weniger gebeugt, weil sonst der Brustkorb geweitet würde. Sie dürfen aber auch nicht zu eng oder gar schlaff sein, der Brustkorb darf nicht zu einer eingesunkenen »Trichterbrust« geformt und fixiert werden. Alle Armbewegungen geschehen in Drehbewegungen aus den Schultern heraus; die Schulterblätter dürfen kaum bewegt werden, was eine leichte (horizontale) Rundung des Rückens in diesem Bereich zur Folge hat. Die Brust darf nicht geöffnet werden, indem man die Schulterblätter zusammenzieht, vielmehr entsteht die Öffnung des Brustraums durch das Zusammenspiel der Haltung der Wirbelsäule und der Arme. Auf keinen Fall sollte der Rücken aber in lotrechter Richtung gerundet – »krumm« – sein, denn das würde ebenfalls zu einem ungesunden Einsinken der Brust führen und den Atem behindern.

4) DIE AUFRECHTE KOPFHALTUNG IN RELATION ZUR WIRBELSÄULE BEIBEHALTEN

Die gesamte Wirbelsäule und der Kopf (bis zum Scheitelpunkt) bilden eine Einheit, sie ist gerade und gestreckt, der Rücken ist also nie rund (im lotrechten Sinn). Die Streckung geschieht über die Vorstellungskraft (Yi) und wird nicht äußerlich herbeigeführt. Bei den Solaren ist die Ausrichtung dabei von oben nach unten (Marionette), bei den Lunaren von unten nach oben (Stabpuppe). Der Nacken darf nicht zusätzlich gestreckt oder gebeugt werden.

5) Die Art des Atmens unterscheiden

Nicht bei allen Übungen muss der Atem bewusst geführt werden. Die Leistungsatmung, also die atemtypspezifische Weise zu atmen, wird nur eingesetzt, wenn die aufrechte Körperhaltung aufgegeben, also der Körper gebeugt oder gedreht wird.

Die Übungen sind so aufgebaut, dass die atemtypspezifische Leistungsatmung durch die Körperhaltung und -bewegung mit der Zeit wie von selbst entsteht. Bei der lunaren Leistungsatmung geht der Unterbauch beim Einatmen nach innen, der Atem steigt im Rücken nach oben und weitet den Oberkörper. Er wird grundsätzlich bei Bewegungen eingesetzt, in denen der Körper gebeugt und/oder gedreht wird. Am Ende der Einatmungsphase ist die größte Spannung aufgebaut, die mit einem »explosiven«, aber gebändigt ausgeführten »Pff«-Geräusch in der ersten Phase der Ausatmung losgelassen wird. Diese Art der Ausatmung soll aber keineswegs die restliche Phase des Ausatmens bestimmen, weil sonst zu viel Spannung abgebaut würde. Stattdessen sollte sanft und leicht zu Ende ausgeatmet werden.

Auch beim Ausatmer wird die Leistungsatmung bei Bewegungen eingesetzt, in denen der Körper gebeugt und/oder gedreht wird. Der Ausatmer führt die ausströmende Luft kontrolliert, sodass sich mit der Zeit die Fähigkeit entwickelt, das Zusammenziehen der Atemmuskulatur auf den Oberbauch und die Flanken zu konzentrieren. Die Einatmung geschieht wie unabsichtlich; indem die Ausatemspannung am Ende der Ausatmung losgelassen wird, strömt die Luft rasch und leicht – reflexhaft – wieder ein. Bei allen anderen Übungen kann spontan und entspannt geatmet werden. Die unterschiedlichen Übungen sind jeweils gekennzeichnet durch einen Hinweis neben ihrem Namen.

6) Alle Bewegungen werden »vom Geist geführt«

»Vom Geist geführt« bedeutet zum einen, dass man immer wach und konzentriert bei der Ausführung der Übungen sein soll, und zum andern, dass der Geist, d. h. die Aufmerksamkeit, den Bewegungen voraus sein sollte. Wie sich das anfühlt, erfährt man, wenn man die Bewegungen zum ersten Mal macht, entweder, indem man einem Lehrer folgt oder versucht, die Bilder und die Beschreibung dieses Buches nachzuvollziehen: Dann »führt der Geist den Körper«. Diese »Geistes-Haltung« sollte man beständig beibehalten und die Übungen nie rein mechanisch ausführen, auch wenn man sie schon gut beherrscht.

Ein Wort noch zum Ehrgeiz: Die Übungen sind kein »Stretching« und keine übliche Gymnastik, bei der man versucht, den Körper ordentlich zu dehnen; das wäre rein äußerlich. Sie erfordern aber auch nicht das Erspüren der Energieströme wie in manchen Praktiken der Sitzmeditation, das wäre nur innerlich. Ehrgeiz sollte man entwickeln, Innen und Außen zu verbinden und zu spüren, wie es sich anfühlt, wenn Körper und Geist in der dem Qigong angemessenen Weise gefordert werden. »Angemessen« bedeutet, den Ausgleich zwischen Anspannung und Entspannung zu finden: Der Geist ist entspannt, aber wach, die Muskeln werden nie willkürlich angespannt, sondern finden ihre »eutonische« Spannung durch die Übungen.

Immer alle Übungen?

Im Idealfall werden alle 24 AtemtypQigong-Übungen hintereinander ausgeführt, was etwa 20–25 Minuten in Anspruch nimmt. Ansonsten ist man, wenn die Zeit knapp oder man müde ist, frei, sie nach Belieben zu kombinieren. Empfehlenswert ist dabei, immer mit den ersten vier Übungen zu beginnen (zum Aufwärmen) und dann von jeder Art eine oder mehrere zu kombinieren: für Arme und Schultern (11, 13, 17, 18, 20), für die Beine (7, 8, 12, 14, 19, 21, 22), für den Rücken (5, 6, 9), für die Vitalisierung mithilfe der Leistungsatmung (5, 6, 7, 8, 9, 13, 19, 20) und zur Vitalisierung ohne die Leistungsatmung (14, 23)[34]. Natürlich »überlappen« sich einige Übungen im Hinblick auf ihre Zuordnung, so ist Nr. 9 als komplexeste Übung beispielsweise für Arme, Schultern, Rücken und Beine gut, also für den ganzen Körper. Am besten folgt man der eigenen Intuition, wenn man alle kennengelernt hat, und vermeidet eine starre Einteilung. Entspannende Übungen (10, 16, 23, 24) sollten am Ende der Übungsreihe oder nach anstrengenden Übungen stehen. Nach Möglichkeit sollten sich einige Minuten in den stehenden Grundpositionen 1 und 2[35] anschließen. Morgens sind natürlich vitalisierende Übungen geeigneter als abends, kurz vor dem Schlafengehen. Es ist besser, täglich wenig zu üben, als nur manchmal alle Übungen hintereinander auszuführen. Einfach stehen kann man auch mal so zwischendurch, allerdings sollte man dabei ungestört sein. Man muss die Übungen nicht mit leerem Magen machen, weil der Bauch ja nie eingedrückt wird.[36] Allerdings empfiehlt es sich nicht, sie direkt nach einer schweren Mahlzeit, womöglich mit Alkoholgenuss, zu machen. Nach den Übungen sollte nicht geduscht oder gebadet werden, weil dann das entstandene elektromagnetische Feld wieder abgewaschen werden würde.

Praxisbeispiele

Grundstellung[37]

Stellung der Füße

Die Füße stehen etwa schulterbreit auseinander. Maßgeblich für die Schulterbreite ist der Abstand der Fersen zueinander.

Die Füße sind zueinander parallel ausgerichtet. Maßstab ist die Achse von der Fersenmitte zur Fußmitte (zwischen 2. und 3. Zeh).

Die Füße stehen mit den drei wichtigen Punkten Ferse, Großzehballen und Ballen vor dem kleinen Zeh (Kleinzehgrundgelenk) fest auf dem Boden.

Stellung beim Beugen der Knie

Die Knie sind gebeugt. Der untere Rücken ist gerade, das Becken wird von den Fersen her gestützt. Die Beugung in Fußgelenken, Knien und Leisten ist gleich groß (»Ziehharmonika-Prinzip«).

Der Oberkörper steht aufrecht. Die Leisten sind gebeugt, als würde man in die Knie gehen, um aus dem Stand hochzuspringen.

Das Körpergewicht ruht auf der Ferse, die Zehen haben aber Kontakt zum Boden.

Beim Beugen der Knie wandert die Belastung in Richtung Zehen, es bleiben aber etwa 70 % des Gewichts auf dem hinteren Fuß – fersenbetont.

Praxisbeispiele

Grundstellung[37]

Stellung der Füße

Die Füße stehen etwa schulterbreit auseinander. Maßgeblich für die Schulterbreite ist der Abstand der Fersen zueinander.

Die Füße sind zueinander parallel ausgerichtet. Maßstab ist die Achse von der Fersenmitte zur Fußmitte (zwischen 2. und 3. Zeh).

Die Füße stehen mit den drei wichtigen Punkten Fersenbalkon, Großzehballen und Ballen vor dem kleinen Zeh (Kleinzehengrundgelenk) fest auf dem Boden.

Stellung beim Beugen der Knie

Die Knie sind leicht gebeugt. Der Rücken macht ein leichtes Hohlkreuz, das Becken kippt leicht nach vorn (der Po wird leicht nach hinten rausgestreckt), es wird nicht gehalten und hängt völlig frei.

Dadurch beugt sich der Oberkörper leicht nach vorn, so, als ob ein Gewicht, das im Zentrum knapp unterhalb des Bauchnabels verankert wäre, wie ein Lot nach unten zieht. Der Rücken bleibt aber in sich aufgerichtet.

Die Oberschenkel tragen das Gewicht des Körpers.
In den Füßen verlagert sich der Schwerpunkt vom Mittelfuß in Richtung der Fußballen, der Übende steht »eher vorn«.

Armhaltung

Die Schultern sind entspannt.

Die Arme sind »rund« neben dem Körper, die Ellenbogen »schweben«, ohne die Schultern hochzuziehen. Unter den Achseln ist viel »Luft«.

Die Schulterblätter liegen an, Sie werden durch die Ellenbogenposition auseinandergezogen. Die Brust ist geöffnet, aber nicht hervorgewölbt.

Die Hände sind »rund« und entspannt. Die Finger sind locker und ohne Spannung geschlossen, der Daumen ist leicht abgespreizt (sog. Tigermaul).

Kopfhaltung

Das Kinn ist frei, der Nacken ist entspannt, der Kopf strebt aufwärts-vorwärts. Der Scheitel »wächst zum Himmel«.

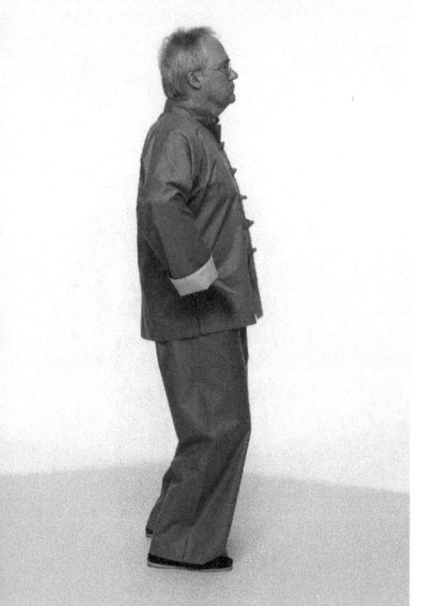

Armhaltung

Die Schultern hängen locker.

Die Arme hängen, ebenfalls locker, seitlich neben dem Körper. Sie sind leicht abgewinkelt. Unter den Achseln ist noch Raum (»Luft«).

Die Schulterblätter liegen an. Das Brustbein ist aufrecht, die Magengrube nicht eingesunken.

Die Finger sind locker und ohne Spannung geschlossen, der Daumen ist leicht abgespreizt (sog. Tigermaul).

Kopfhaltung

Der Kopf wird wie von einem Faden gehalten, der, von der Decke kommend, am Scheitel (am Schnittpunkt der Linien, die von den höchsten Stellen der Ohren über den Schädel gezogen werden können) befestigt ist. Der Kopf »hängt« locker, ist aber aufrecht. Der Nacken ist gerade, das Kinn wird nicht angehoben.

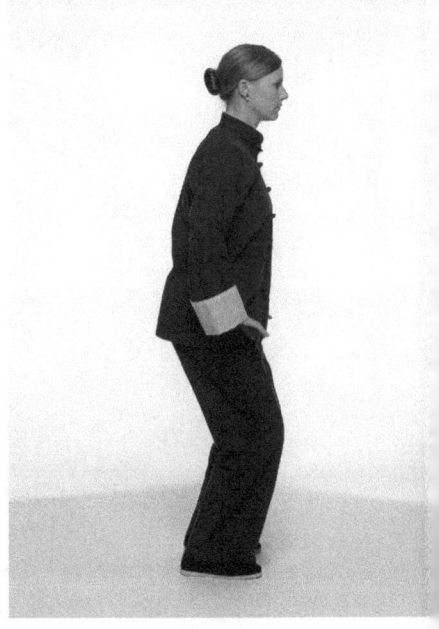

Test der Grundstellung auf die Jin-Kraft

1) LUNAR

Der lunare Übungspartner steht in der abgebildeten Position mit erhobenen und geöffneten Armen, als hielte er einen großen Ball vor der Brust. Der Übungspartner, dessen Atemtyp hierbei keine Rolle spielt, weil er mit Muskel- und Körpergewichtskraft drückt, steht schräg vor ihm, legt eine Hand an das Handgelenk, das ihm näher ist, und beginnt langsam zu drücken. Die Richtung, in die er drückt, muss zum einen auf die Mittelachse des zu testenden Partners zielen und zum anderen über diesen hinaus, also sich nicht an dem berührten Arm verkrampfen – so, als wollte er den Stehenden tatsächlich wegschieben. Der Druck darf aber nicht plötzlich einsetzen, sondern sollte sich allmählich steigern und stetig sein, also nicht in ruckartigen Intervallen erfolgen.

Der Lunare beginnt in dem Augenblick, da er den leichten Druck zu spüren beginnt, tief in die Brust hinein einzuatmen und mit dem einströmenden Atem die

Arme auszudehnen – so, als würde ein Ballon aufgepumpt. Willkürliche Muskelanspannung ist dabei unbedingt zu vermeiden, ebenso wie das Sich-Entgegenstemmen mit dem Körpergewicht, um dem Druck zu widerstehen. Die Ausdehnung darf nur reaktiv geschehen, also indem auf den Druck reagiert wird. Man soll also diesem nicht zuvorkommen wollen, indem man mehr »macht«, als nötig ist.

Gelingt die Übung, so verwurzelt der Lunare sich im Boden so, als würde ihn die drückende Kraft in den Boden drücken und stablilisieren. Der drückende Partner dagegen spürt, wie er seinen festen Stand verliert und seine Füße den Halt verlieren; er wird »entwurzelt«.

2) SOLAR

Der solare Übungspartner steht in der abgebildeten Position mit maximal in Schulterhöhe erhobenen Armen, als hielte er einen ovalen Ball vor der Brust. Der Übungspartner, bei dem ebenfalls der Atemtyp jetzt außer Acht gelassen werden kann, drückt wie oben beschrieben gegen das Handgelenk, langsam beginnend und stetig und über den Stehenden hinaus, aber direkt auf dessen Mittelachse zielend. In dem Moment, in dem der Solare anfängt, den Druck wahrzunehmen, beginnt er geführt auszuatmen, mit der Vorstellung, der Atem ströme durch seine Hände nach vorn in die Weite. Durch diese Vorstellung animiert, dehnt er seine Arme leicht nach vorn aus. Zu beachten ist, dass anders als beim Lunaren, bei dem die Ausdehnung in die Breite erfolgt, hier kein absichtlicher Widerstand nach außen gegen den Druck des Partners ausgeübt zu werden braucht; denn die nach vorn, in die Weite gerichtete Führung der Arme erzeugt von selbst genügend seitliche Ausdehnung, die dem Druck widersteht. Gelingt der Test, so wird der Solare verwurzelt, der drückende Übungspartner jedoch entwurzelt.[38]

Test jeder Dao-Übung

Jede der 24 nun vorgestellten Dao-Übungen kann auf die Jin-Kraft hin, und damit auf ihre richtige Ausführung hin, getestet werden Dies wird hier aber nur am Beispiel zweier Übungen gezeigt. Das hat zwei Gründe: Zum einen ist es nicht einfach, die Tests ohne die Anleitung eines erfahrenen Lehrers auszuführen – zu schnell gerät man beim ehrgeizigen Versuch, Stand zu halten, in den Gebrauch willkürlicher Muskelkraft oder setzt das Körpergewicht ein. Zum anderen soll nicht der Eindruck entstehen, dass die Tests das letzte Ziel der Übung seien, das es anzustreben gilt. Sie sind lediglich eine Kontrolle für die korrekte Ausführung der Übungen und sollen nur das Wohlgefühl bei deren Ausführung – und das ist das Wichtigste! – ergänzen.

links:
lunare Jin-Kraft
(Pagode)

rechts:
solare Jin-Kraft
(Schildkröte)

Die 24 Dao-Übungen

1 Taiji Yin Yang *(Dies ist eine Übung ohne geführten Atem.)*

Das Sinken des Körpers zur Erde ist Yin, das Aufrichten Yang.

Grundstellung

Die Füße stehen parallel zueinander und schulterbreit in Grundstellung (fersenbetont). Sie bleiben während der ganzen Übung fest am Boden. Die Beine sind gestreckt, doch locker in den Kniegelenken. Die Arme sind seitlich neben dem Körper, die Ellenbogen sind geöffnet, unter den Achseln ist viel »Luft«. Die Hände sind in den Handgelenken so abgeknickt, dass die Daumen in Höhe des Beckenkamms zum Körper und die Finger nach vorn zeigen.

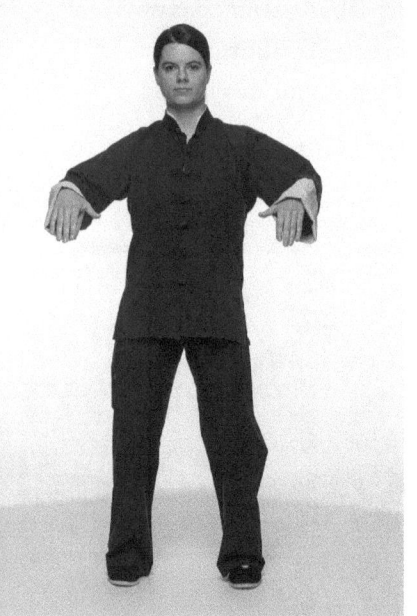

Ausführung

Der Übende sinkt in die Knie. Dabei werden die Handgelenke locker hängen gelassen und die Arme angehoben.

Die 24 Dao-Übungen

1 Taiji Yin Yang *(Dies ist eine Übung ohne geführten Atem.)*

Das Sinken des Körpers zur Erde ist Yin, das Aufrichten Yang.

Grundstellung

Die Füße stehen parallel zueinander und schulterbreit in Grundstellung (ballenbetont). Sie bleiben während der ganzen Übung fest am Boden. Die Beine sind leicht gebeugt. Die Arme hängen mit etwas »Luft« unter den Achseln seitlich neben dem Körper. Die Hände sind in den Handgelenken leicht abgeknickt, dass die Daumen in Höhe der Hüftgelenke zum Körper und die Finger nach vorn zeigen.

Ausführung

Der Übende sinkt in die Knie. Dabei werden die Handgelenke locker hängen gelassen und die Arme angehoben.

Haben die Handgelenke Schulterhöhe erreicht, sind die Beine wieder locker gestreckt.

Mit dem nächsten Beugen der Beine knicken die Hände in den Handgelenken so ab, dass die Finger nach oben zeigen.

Die Bewegung der Arme ist wie in der »lunaren« Ausführung. Die Knie bleiben aber ständig gebeugt. Das ver-
minderte Heben und Senken wird dadurch ausgeglichen,
dass der Oberkörper aus dem Becken heraus etwas vor
und zurück schaukelt.

Beim Heben der Arme nach vorn schaukeln, beim Senken
der Arme nach hinten aufrichten.

In dieser Haltung werden die Arme wieder seitlich neben den Körper in die Grundstellung geführt. Dabei richtet sich der Übende in den Beinen wieder auf, die Knie werden locker (fast ganz) gestreckt.

In einem Durchgang werden die Arme einmal gehoben und des Beckens bewegt die Arme. Diese Übung kann zehn- bis

Bewegung in Beinen und Körper

Beugen und Aufrichten entstehen durch leichtes Federn in den Hüft-, Knie- und Fußgelenken.

Das Becken bleibt während der gesamten Übung gerade, es bewegt sich auf und ab wie ein Jojo am Faden.

Ebenso bleibt der Oberkörper gerade und aufrecht.

Bewegung der Arme

Beide Arme werden synchron gehoben und gesenkt. Zu Beginn des Hebens der Arme werden die Handgelenke locker, die Hände »fallen«, die Fingerspitzen zeigen locker zum Boden, die Handgelenke werden »rund«.

In dieser Haltung werden die Arme wieder seitlich neben den Körper in die Grundstellung geführt. Dabei richtet sich der Übende in den Beinen wieder auf, ohne sie ganz zu strecken.

wieder gesenkt. Das Beugen der Knie bzw. das Schaukeln zwanzigmal hintereinander durchgeführt werden.

Bewegung in Beinen und Körper

Die Knie bleiben ständig leicht gebeugt.

Beim Heben der Arme neigt sich der Oberkörper leicht nach vorn, und das Steißbein kippt leicht nach hinten. Beim Senken der Arme richtet sich der Oberkörper wieder auf, das Becken kommt wieder in die Grundstellung zurück. Das Becken führt also eine »schaukelnde« Bewegung aus.

Bewegung der Arme

Beide Arme werden synchron gehoben und gesenkt. Zu Beginn des Hebens der Arme werden die Handgelenke locker, die Hände »fallen«, die Fingerspitzen zeigen locker zum Boden, die Handgelenke werden »rund«.

Mit den lockeren Handgelenken werden die Arme vor dem Körper angehoben, bis die Handgelenke in Höhe der Schultern angekommen sind. Die Ellenbogen sind gerundet, die Arme formen fast einen Ball.

Sind die Handgelenke auf Schulterhöhe angekommen, werden die Handgelenke abgeknickt, indem die Fingerspitzen nach oben zeigen, dadurch kommt Spannung in den Arm.

> **Wichtig:** Die Schultern sollten entspannt hängen. Die Armbewegung sollte durch die geöffneten Ellenbogen die Brust weiten.

In dieser Haltung werden die Arme, ohne in der Spannung nachzulassen, seitlich neben dem Körper abgesenkt, bis die Daumen in Höhe des Beckens angekommen sind.

Dann werden die Handgelenke wieder locker gelassen (»rund«), und die Übung wird wiederholt.

2   Die gekreuzten Hände öffnen und schließen
(Übung ohne geführten Atem)

Grundstellung

Die Füße stehen parallel zueinander und schulterbreit in Grundstellung (fersenbetont). Sie bleiben während der ganzen Übung fest am Boden.

Die Knie werden gebeugt und bleiben während der gesamten Übung gebeugt.

Die Handgelenke werden in Schulterhöhe vor dem Körper gekreuzt, Handinnenflächen zum Körper, die Daumen zeigen nach oben. Die Ellenbogen werden so weit angehoben, dass die Unterarme waagrecht vor dem Körper sind und sich die Ellenbogen in Schulterhöhe befinden. Die Schultern dürfen jedoch nicht hochgezogen werden.

Mit den lockeren Handgelenken werden die Arme vor dem Körper angehoben, bis die Handgelenke in Höhe der Schultern angekommen sind. Die Arme formen dabei ein längliches Oval.

Sind die Handgelenke auf Schulterhöhe angekommen, werden die Handgelenke abgeknickt, indem die Fingerspitzen nach oben zeigen, dadurch kommt Spannung in den Arm.

In dieser Haltung werden die Arme, ohne in der Spannung nachzulassen, seitlich neben dem Körper abgesenkt, bis die Daumen in Höhe des Beckens angekommen sind.

Dann werden die Handgelenke wieder locker gelassen (»rund«), und die Übung wird wiederholt.

Wichtig:
Die Schultern dürfen während der gesamten Übung nicht angehoben werden, sondern bleiben locker. Die Arme werden nur so weit gehoben, dass der Brustkorb nicht geweitet wird.

2 Die gekreuzten Hände öffnen und schließen

(Übung ohne geführten Atem)

Grundstellung

Die Füße stehen parallel zueinander schulterbreit in Grundstellung (ballenbetont). Sie bleiben während der ganzen Übung fest am Boden.

Die Knie werden gebeugt und bleiben während der gesamten Übung gebeugt.

Die Handgelenke werden in Schulterhöhe vor dem Körper gekreuzt; man schaut in die Handinnenflächen, die Daumen zeigen nach oben. Dabei hängen Schultern und Ellenbogen locker nach unten, die Handgelenke sind auf Schulterhöhe.

Ausführung

Zunächst wird das Gewicht auf das linke Bein verlagert.

Dann wird das Gewicht auf das rechte Bein verlagert. Dabei öffnen sich die Arme und werden ausgehend von den Ellenbogen auseinanderbewegt. Die Ellenbogen sind offen (= leicht gelupft). Die Handgelenke bleiben in der leicht gebeugten Grundstellung.

Während das Gewicht wieder zurück auf das linke Bein verlagert wird, knicken die Hände in den Handgelenken ab, und die Arme werden wieder vor dem Körper zusammengeführt.

Ausführung

Zunächst wird das Gewicht auf das linke Bein verlagert.

Dann wird das Gewicht auf das rechte Bein verlagert. Dabei öffnen sich die Arme und werden ausgehend von den Ellenbogen auseinanderbewegt. Die Ellenbogen sind offen (= leicht gelupft). Die Handgelenke bleiben in der leicht gebeugten Grundstellung.

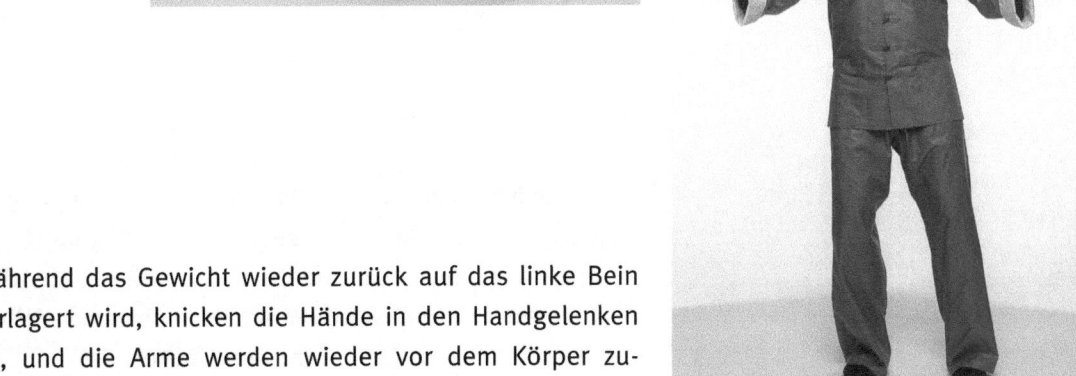

Während das Gewicht wieder zurück auf das linke Bein verlagert wird, knicken die Hände in den Handgelenken ab, und die Arme werden wieder vor dem Körper zusammengeführt.

Kreuzen sich die Handgelenke, ...

... werden sie wieder rund und entspannt in die Grundstellung gebracht. (untere Abb.)

In einem Durchgang werden die Arme einmal geöffnet und zigmal wiederholt werden.

Bewegung in Beinen und Körper

Die Verlagerung erfolgt von Ferse zu Ferse. Dabei ist darauf zu achten, dass das Becken nicht gedreht wird und das Gewicht nicht zu 100 % auf das jeweilige Bein verlagert wird, damit die Hüfte im Lot mit dem belasteten Fuß bleibt, also nicht zur Seite »übersteht«.

Bewegung der Arme

Die Arme öffnen sich in Schulterhöhe, die Bewegung geht so weit, dass die Arme zur seitlichen Verlängerung des Rumpfes werden und sich der Brustkorb weitet. Dabei dürfen sich aber die Schulterblätter nicht zusammenziehen. Die Handgelenke bleiben »rund« und locker.

Kreuzen sich die Handgelenke, ...

... werden sie wieder rund und entspannt in die Grundstellung gebracht. (untere Abb.)

wieder geschlossen. Diese Übung kann zehn- bis zwan-

Bewegung in Beinen und Körper

Die Gewichtsverlagerung wird dadurch herbeigeführt, dass das Becken von links nach rechts und wieder zurückgeschoben wird. Die Bewegung, die das Becken dabei ausführt, ist eher klein; bedeutsamer ist die Verlagerung des Zentrums im Unterbauch zum linken bzw. rechten Knie. Dazu sinkt der Oberkörper in die Richtung der jeweiligen Leiste.

Bewegung der Arme

Die Arme öffnen sich auf einer gedachten Linie in Brusthöhe. Dabei werden die Unterarme ausgehend von den Ellenbogen auseinandergenommen, bis sich die Arme zwar seitlich, aber noch vor dem Körper befinden, der Brustkorb also nicht geweitet wird. Dabei bleiben die Handgelenke »rund« und locker.

Haben die Arme diese Position erreicht, knicken die Handgelenke ab, sodass die Finger nach außen zeigen.

Beim Zusammenführen der Hände ist darauf zu achten, dass die Ellenbogen nicht sinken. Wichtig ist, dass die Gelenke gekreuzt werden und nicht die Unterarme oder die Hände.

Wenn die Arme auseinandergehen, sind die Handgelenke »rund«, wenn sie zusammengeführt werden, abgeknickt.

Wichtig: Beide Beine bleiben während der gesamten Übung gebeugt, auch wenn das Gewicht auf einem Bein ruht. Der Übende steht fersenbetont. Die Verlagerungsbewegung gleicht eher einem »Schieben« als einem »Pendeln«. Oberkörper und Kopf bleiben aufrecht und bewegen sich immer in gleicher Höhe von der einen zur anderen Seite.

Die Arme folgen dem Körper.

Es ist darauf zu achten, dass die Innenkanten der Füße mehr belastet sind als die Außenkanten.

3 Kräuselnde Wellen im Meer *(Übung ohne geführten Atem)*

Grundstellung

Die Füße stehen parallel zueinander und schulterbreit in Grundstellung (fersenbetont). Sie bleiben während der ganzen Übung fest am Boden.

Die Knie werden gebeugt und bleiben während der gesamten Übung gebeugt.

Haben die Arme diese Position erreicht, knicken die Handgelenke ab, sodass die Finger nach außen zeigen.

Dann werden die Arme mit den abgeknickten Handgelenken wieder zusammengeführt.

Wenn die Arme auseinandergehen, sind die Handgelenke »rund«, wenn sie zusammengeführt werden, abgeknickt.

Wichtig: Beide Beine bleiben während der gesamten Übung gebeugt, auch wenn das Gewicht auf einem Bein ruht. Die Knie sollten über den Zehen stehen, aber nicht darüber hinausgehen und sich nicht seitlich verdrehen. Auf den Zehen selbst liegt kein Gewicht. Die Verlagerungsbewegung gleicht eher einem »Schieben« als einem »Pendeln«. Oberkörper und Kopf bleiben aufrecht und bewegen sich immer in gleicher Höhe von der einen zur anderen Seite.

Die Arme folgen dem Körper.

Es ist darauf zu achten, dass die Außenkanten der Füße mehr belastet sind als die Innenkanten.

3 Kräuselnde Wellen im Meer *(Übung ohne geführten Atem)*

Grundstellung

Die Füße stehen parallel zueinander und schulterbreit in Grundstellung (ballenbetont). Sie bleiben während der ganzen Übung fest am Boden.

Die Knie werden gebeugt und bleiben während der gesamten Übung gebeugt.

Das Gewicht wird wie in der Übung »Die gekreuzten Hände öffnen und schließen« auf das linke Bein verlagert. Die mit dem belasteten Bein korrespondierende linke Hand wird bis auf Schulterhöhe angehoben, das Handgelenk ist locker. Der rechte Arm ist seitlich vom Körper. Die Hand ist im Handgelenk so abgeknickt, dass der Daumen zum Körper und die Finger nach vorn zeigen. Die Ellenbogen sind »luftig« angehoben, damit die Arme rund werden.

Ausführung

Der Übende verlagert das Gewicht wie in der Übung »Die gekreuzten Hände öffnen und schließen« auf das rechte Bein. Während der Verlagerung wechseln die Hände ihre Position; die obere linke Hand knickt ab und wird neben das Becken geführt, die untere rechte Hand wird rund und locker und nach oben in Schulterhöhe geführt.

Das Gewicht wird wie in der Übung »Die gekreuzten Hände öffnen und schließen« auf das linke Bein verlagert. Die mit dem belasteten Bein korrespondierende linke Hand wird bis auf Schulterhöhe angehoben, das Handgelenk ist locker. Der rechte Arm hängt locker seitlich vom Körper, die Hand ist im Handgelenk so abgeknickt, dass der Daumen zum Körper und die Finger nach vorn zeigen.

Ausführung

Der Übende verlagert das Gewicht wie in der Übung »Die gekreuzten Hände öffnen und schließen« auf das rechte Bein. Während der Verlagerung wechseln die Hände ihre Position; die obere linke Hand knickt ab und wird neben das Becken geführt, die untere rechte Hand wird rund und locker und nach oben in Schulterhöhe geführt.

Mit der folgenden Verlagerung auf links wechseln die Hände ebenfalls ihre Position.

In einem Durchgang wird das Gewicht vom belasteten Fuß verlagert. Die Übung kann zehn- bis zwanzigmal wieder-

Bewegung in den Armen

Die Arme werden wie in der Übung »Taiji Yin Yang« gehoben und gesenkt, allerdings wird die Bewegung von den Armen abwechselnd ausgeführt, d.h., der eine Arm sinkt, während der andere steigt.

Auch die Bewegung der Handgelenke ist wie zuvor, der Wechsel der Bewegungen in den Handgelenken erfolgt in beiden Armen synchron.

Die Arme folgen dem Körper.

Mit der folgenden Verlagerung auf links wechseln die Hände ebenfalls ihre Position.

auf den anderen und wieder zurück in die Grundstellung holt werden.

Bewegung in den Armen

Die Arme werden wie in der Übung »Taiji Yin Yang« gehoben und gesenkt, allerdings wird die Bewegung von den Armen abwechselnd ausgeführt, d.h., der eine Arm sinkt, während der andere steigt.

Auch die Bewegung der Handgelenke ist wie zuvor, der Wechsel der Bewegungen in den Handgelenken erfolgt in beiden Armen synchron.

Die Arme folgen dem Körper.

4 Die Flügel nach links und rechts ausbreiten

(Übung ohne geführten Atem)

Grundstellung

Die Füße stehen parallel zueinander schulterbreit in der Grundstellung (fersenbetont).

Die Knie werden gebeugt und bleiben während der gesamten Übung gebeugt.

Die Hände sind neben den Hüften, die Handflächen sind parallel zum Boden, die Finger zeigen gerade nach vorn.

Ausführung

Verlagern auf links.

Der Körper dreht sich zur linken Seite, bis der Oberkörper etwa 90° zur Grundstellung steht. Arme mitnehmen, Gewicht auf links lassen.

4 Die Flügel nach links und rechts ausbreiten
(Übung ohne geführten Atem)

Grundstellung

Die Füße stehen parallel zueinander schulterbreit in der Grundstellung (ballenbetont).

Die Knie werden gebeugt und bleiben während der gesamten Übung gebeugt.

Die Hände befinden sich rechts und links vom Zentrum, Handflächen parallel zum Boden, die Finger zeigen schräg nach vorn.

Ausführung

Der Körper verlagert und dreht dabei zur linken Seite, bis der Oberkörper diagonal ausgerichtet ist. Durch die Drehung verlagert sich das Gewicht auf das entsprechende Bein.

Sinken auf links, dabei heben sich die Arme parallel sowie die Ferse des nicht belasteten Beines.

Dann werden Arme und Ferse synchron wieder absenkt.

Über die Mitte dreht der Oberkörper nach vorn und verlagert das Gewicht über die Mitte auf das rechte Bein.

In dieser Stellung werden beide Arme ähnlich wie in der Übung »Taiji Yin Yang« gehoben. Das Heben ist mehr nach vorn ausgerichtet, so als würde man ein Handtuch ausschütteln. Synchron zum Heben der Arme kann sich die rechte Ferse leicht vom Boden lösen.

Dann werden Arme und Ferse synchron wieder abgesenkt.

Über die Mitte ...

Dann dreht der Oberkörper jetzt etwa 90° zur rechten Seite.

Dort werden ebenfalls entsprechend die Arme und die linke Ferse angehoben ...

... und wieder abgesenkt.

Dann dreht der Oberkörper nach vorn und das Gewicht wird über die Mitte wieder auf die linke Seite verlagert.

In einem Durchgang werden die Arme in jeweils beide Rich-dreht sich der Oberkörper mit gesenkten Armen wieder in durchgeführt werden.

... dreht der Oberkörper jetzt zur rechten Diagonale.

Dort werden ebenfalls die Arme angehoben und wieder abgesenkt. Die linke Ferse kann sich lösen.

Danach wird über die Mitte wieder auf die linke Seite gedreht.

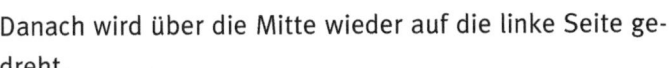

tungen gehoben und gesenkt. Zum Schluss der Übung die Grundstellung. Die Übung kann zehn- bis zwanzigmal

Bewegung in Beinen und Körper

Die Verlagerung erfolgt von Ferse zu Ferse. Die so entstehende aufrechte Achse erlaubt eine Drehung, die größer als 90° ist. Am Ende der Drehung steht das Zentrum über dem Knie, zeigt aber nicht nach unten. Der Körper bleibt aufrecht.
Alternativ für Fortgeschrittene: Die Ausrichtung des Zentrums wird während der Verlagerung von Ferse zu Ferse beibehalten. Erst wenn die Ferse »gefunden« ist, wird vor dem Sinken gedreht.

Wichtig: Am Ende der Drehung, wenn die Arme erhoben sind, kann das Knie des Standbeins einsinken, jedoch ohne den Körper schräg werden zu lassen. Beim Senken der Arme kann das Knie entspannt, aber nicht gestreckt werden.

5 Das Wasserrad dreht sich
(Übung mit geführtem Atem)

Grundstellung

Die Füße stehen parallel zueinander schulterbreit in der Grundstellung. Sie bleiben während der ganzen Übung fest am Boden.

Die Beine sind locker gestreckt Die Hände sind vor den Hüften, die Ellenbogen sind »luftig« angehoben, damit die Arme rund sind. Die Hände sind in den Handgelenken so abgeknickt, dass die Daumen zum Körper und die Finger nach vorn zeigen.

Bewegung in Beinen und Körper

Durch das Beugen der Knie wird das Gewicht mehr auf die
Fußballen verlagert. Dadurch ist eine Drehung des Oberkörpers nur bis zur Diagonale möglich. Das Knie bleibt
über dem Fuß und dreht auf keinen Fall zur Seite.
Das Zentrum wird bei der Drehung zum Knie des belasteten Beins hin ausgerichtet. Dies hat eine leichte Beugung
des Oberkörpers zur Folge.

Wichtig: Trotz der Drehung und damit einhergehenden Gewichtsverlagerung
richtet sich der Übende weder auf noch sinkt er. Der Körper bewegt sich vielmehr immer auf gleicher Höhe. Beim Heben der Arme kann der Oberkörper aus
der Hüfte nach vorn und beim Senken der Arme wieder in die Ausgangsstellung
»zurückschaukeln«.

5 Das Wasserrad dreht sich
(Übung mit geführtem Atem)

Grundstellung

Die Füße stehen parallel zueinander schulterbreit in der
Grundstellung. Sie bleiben während der ganzen Übung
fest am Boden.

Die Beine sind locker gestreckt oder leicht gebeugt. Die
Arme sind etwas vor dem Körper, die Ellenbogen leicht
ausgestellt. Die Hände sind in den Handgelenken so abgeknickt, dass die Daumen zum Körper und die Finger nach
vorn zeigen.

Ausführung

Die Hände ziehen mit abgeknickten Handgelenken den (geraden) Rumpf dicht an den Oberschenkeln nach unten. Dabei wird eingeatmet.

Zusammen mit dem kurzen Ausatmen, das mit einem »Explosivlaut«[39] beginnt, entspannen sich die Handgelenke, ...

... und der Körper richtet sich auf. Beim Aufrichten werden die Beine leicht gebeugt. Die »runden« Arme werden dabei mit entspannten Ellenbogen in einem Bogen vor dem Körper etwas über Kopfhöhe geführt. (Das Mühlrad dreht sich nach vorn oben ...).

Ausführung

Zur Beugung des Rumpfes aus der Hüfte mit geradem
Rücken nach vorn schaukeln. Die Handflächen ziehen
nach vorn in Richtung Boden. Der Übende atmet bei dieser
Beugung geführt aus. Am Ende der Abwärtsbewegung
werden die Hände näher an den Körper herangenommen.
(Das Mühlrad dreht sich nach vorn unten ...)

Die Arme und Hände hängen locker. Der Übende beginnt,
den Atem wieder einströmen zu lassen, ...

... und richtet sich schwungvoll auf (schaukelt zurück). Dabei werden die lockeren Arme bis etwa Schulterhöhe mitgenommen.

Bevor die Arme zu sinken beginnen, knicken die Handgelenke ab. Mit beginnendem Einatmen (etwa auf Brusthöhe) werden die Beine gestreckt und die Hände wieder nach unten, vor die Hüften, geführt, während sich die Ellenbogen öffnen.

Den Rumpf beugen. Mit der Beugung atmet der Übende weiter ein.

In einem Durchgang beugt sich der Übende einmal und zigmal durchgeführt werden.

Bewegung der Arme

Die Ellenbogen sind »rund«. Beim Beugen sind die Handgelenke so abgeknickt, dass die Handflächen sich dem Boden nähern, als wollten sie ihn flächig berühren. Diese Armhaltung weitet den Oberkörper und bewirkt, dass der Unterbauch sich einzieht.

Durch die abgeknickten Handgelenke baut sich Spannung in den Armen auf. Diese Spannung wird durch das Lockerlassen von Armen und Händen beim Aufrichten wieder gelöst.

Die Hände knicken in den Handgelenken ab und werden mit der beginnenden Ausatmung wieder in die Ausgangsstellung geführt.

Mit der erneuten Beugung beginnt der Übende wieder geführt auszuatmen.

richtet sich wieder auf. Die Übung kann zehn- bis zwan-

Bewegung der Arme

Die Arme sind während der gesamten Übung in den Ellenbogen leicht gebeugt und bilden so ein längliches Oval. Während der Beugung ziehen die Hände nicht eng an den Beinen entlang, sondern mit Abstand zum Körper in Richtung Boden.

Durch die abgeknickten Handgelenke baut sich Spannung in den Armen auf. Diese Spannung wird durch das Lockerlassen von Armen und Händen beim Aufrichten wieder gelöst.

Wichtig: Die Beugung geschieht mit gerader Wirbelsäule aus den Leisten heraus. Der Kopf bleibt leicht angehoben, als wolle man nach vorn schauen.

Der Übende soll nicht versuchen, mit den Händen – gar mit den Fingerspitzen – den Boden zu berühren. Der Umfang der Bewegung ist vom Atemvolumen bestimmt, es ist keine gymnastische Übung.

Atemführung

Das Einatmen bei der Beugung kann mit einer Atempause in der gebeugten Haltung abgeschlossen werden. Wichtig ist, dass das explosive Ausatmen danach bei der Aufrichtung tatsächlich nur kurz zu Beginn der Phase stattfindet und das darauf folgende sanfte Ausatmen bis zu der Phase reicht, in der die Arme wieder auf Brusthöhe sind. Falls der Atem nicht reicht, die Bewegung beschleunigen, aber keine Atempause vor dem Einatmen machen.

6   Das Nashorn schaut zum Mond

(Übung mit geführtem Atem)

Grundstellung

Die Füße stehen parallel zueinander schulterbreit in der Grundstellung. Sie bleiben während der ganzen Übung fest am Boden.

Die Beine sind locker gestreckt. Die Arme sind leicht gebeugt vor dem Körper, die Finger werden miteinander verschränkt (gefaltete Hände), die Handflächen sind zum Boden gerichtet.

Atemführung

Ist die Ausgangsstellung eingenommen, wird eingeatmet. Sobald die Beugung beginnt, wird geführt ausgeatmet, bis der tiefste Punkt der Beugung erreicht ist. Wenn die Arme locker gelassen werden und die Aufrichtungsphase beginnt, kann der Atem wieder in den Körper strömen. Die Phase des Einatmens endet bei Erreichen des höchsten Punkts der Bewegung.

Wichtig: Die Beugung wird nur so weit ausgeführt, dass der Rücken jederzeit gerade ist. Es ist nicht entscheidend, so tief wie möglich zu beugen. Der Kopf wird weder fallen gelassen noch in den Nacken gelegt, sondern in Verlängerung der Wirbelsäule mitgeführt. Der Umfang der Bewegung ist vom Atemvolumen bestimmt, es ist keine gymnastische Übung.

6 Das Nashorn schaut zum Mond

(Übung mit geführtem Atem)

Grundstellung

Die Füße stehen parallel zueinander schulterbreit in der Grundstellung. Sie bleiben während der ganzen Übung fest am Boden.

Die Beine sind locker gestreckt oder leicht gebeugt. Die Arme hängen locker vor dem Körper, die Finger werden miteinander verschränkt (gefaltete Hände), die Handflächen sind zum Boden gerichtet.

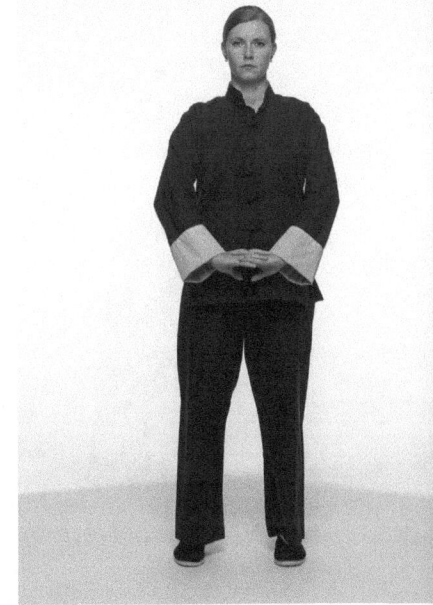

Ausführung

Der Oberkörper dreht etwa um 90° zur linken Seite, die Arme gehen mit. Dabei wird sanft ausgeatmet.

Der Rumpf wird wie in der vorigen Übung gebeugt. Die Arme bleiben »rund«, die Handflächen sind weiterhin zum Boden ausgerichtet. Auch in der Beugung bleibt der Stand fersenbetont. Mit Beginn der Beugung wird eingeatmet.

So gebeugt wird den Rumpf etwa um 180° zur rechten Seite gedreht, dabei wird weiter eingeatmet.

Ausführung

Der Oberkörper dreht diagonal zur linken Seite, die Arme werden mitgeführt. Dabei atmet der Übende ein.

Der Rumpf wird mit geradem Rücken wie in der Übung »Das Wasserrad dreht sich« gebeugt. Die Arme hängen locker mit den Handflächen zum Boden und bilden dabei ein längliches Oval. Mit Beginn der Beugung wird geführt ausgeatmet.

In der Beugung wird der Rumpf in einer Drehung von etwa 90° rechts in die Diagonale geführt, dabei verlagert das Gewicht mehr auf den linken Vorderfuß.

Auf der Seite angekommen, richtet der Rumpf sich wieder auf, die Arme bleiben »rund«. Der Kopf ist dabei leicht in den Nacken gelegt: »Das Nashorn schaut in den Mond«. Es wird weiter eingeatmet. Das Gewicht ist am Ende der Aufrichtung auf dem Standbein, sodass die dazu gehörige Leiste leicht in die Dehnung kommt.

Nach Abschluss der Aufrichtung beginnt das Ausatmen mit dem »Explosivlaut«, der Rumpf wird gebeugt und um 180° zur anderen Seite geführt. Dabei lässt der Übende den Atem sanft ausfließen, bis der Oberkörper nach vorn ausgerichtet ist. Dann beginnt wieder das Einatmen.

In einem Durchgang beugt sich der Übende einmal, dreht auf. Am Schluss der Übung wird wieder in die Grund-durchgeführt werden.

Wichtig: Variante: Beim Drehen das Gewicht auf das hintere Bein verlagern, d. h., geht die Drehung und Aufrichtung nach links, ist das rechte Bein das hintere.

7 Der goldene Affe bietet Früchte an
(Übung mit geführtem Atem)

Der Affe schützte im alten China vor Hexerei und bösem Zauber. Bietet der Affe, wie in dieser Übung, »Früchte« an, kann damit der Pfirsich, ein Symbol des langen Lebens, gemeint sein.

Grundstellung

Die Stellung der Füße kann in diesem breiten Stand bis zur doppelten Schulterbreite gehen. Die Füße werden um mehr als 45° ausgestellt.

In der Diagonalen richtet sich der Rumpf durch Zurückschaukeln gerade auf, wobei die Arme leicht »rund« werden. Der Übende lässt den Atem wieder einströmen, und
der Kopf wird nach der Aufrichtung gerade gehalten. Man
schaut in die Ferne. Das Nashorn schaut also bei den Ausatmern nicht in den Mond, sondern in die Ferne.

Nach erneuter Beugung (in die Diagonale links) wird der
Oberkörper mit der Ausatmung und mit einer Drehung in
die rechte Diagonale bewegt. Das Gewicht verlagert sich
entsprechend. Dort erfolgt die Aufrichtung wie links, und
danach wird erneut gebeugt.

und richtet sich auf der gegenüberliegenden Seite wieder
stellung gedreht. Die Übung kann zehn- bis zwanzigmal

Wichtig: Da es für Ausatmer meist unangenehm ist, nach dem Einatmen eine
Atempause einzulegen, wird nach dem Aufrichten mit Einatmung unmittelbar
wieder in die Beugung mit Ausatmen übergegangen.

7 Der goldene Affe bietet Früchte an
(Übung mit geführtem Atem)

Der Affe schützte im alten China vor Hexerei und bösem Zauber. Bietet der Affe,
wie in dieser Übung, »Früchte« an, kann damit der Pfirsich, ein Symbol des
langen Lebens, gemeint sein.

Grundstellung

Die Füße werden etwas weiter als schulterbreit aufgestellt
und um maximal 45° ausgedreht.

Die Füße stehen während der ganzen Übung fest am Boden.

Die Knie werden gebeugt, der Oberkörper ist aufrecht. Das Gewicht ruht auf dem Rückfuß.

Die Arme sind leicht gebeugt vor dem Körper, die Hände werden in Schulterhöhe gehoben, die Fingerspitzen berühren sich und zeigen nach vorn.

Ausführung

Vor Beginn der Übung wird ausgeatmet.

Mit dem Einatmen beugt sich der Rumpf, die Hände werden durch die Beine nach hinten geführt. Dabei werden die Knie etwas mehr gebeugt.

Die Füße stehen während der ganzen Übung fest am
Boden. Lockere aufrechte Haltung des Rumpfes.

Die Knie werden leicht gebeugt.

Die Arme werden zu einem länglichen Oval vor dem Körper, die Hände in Brusthöhe gehoben, die Fingerspitzen
berühren sich und zeigen nach vorn. Dabei wird eingeatmet.

Ausführung

Vor Beginn der Übung wird ausgeatmet.

Der Rumpf wird schwungvoll mit geradem Rücken nach
vorn gebeugt (wie ein »Schaukeln« im Becken).

Der Rücken bleibt gerade und wird von den Leisten aus gebeugt.

Mit dem Ausatmen richtet sich der Körper schnell auf. Das Gewicht bleibt dabei auf dem Rückfuß. Zugleich mit dem Aufrichten öffnen sich die Arme, die Handflächen drehen nach oben (»Yang-Hände«), ...

... bis die Arme am Ende der Aufrichtung in Schulterhöhe zu den Seiten zeigen. Der Rücken bleibt gerade, das Becken hängt.

Die Arme werden in Ausgangshaltung mitgeführt, die Unterarme berühren im tiefsten Punkt der Beugung die Oberschenkel. Während der Beugung wird ausgeatmet.

Der Rumpf richtet sich wieder in die Grundstellung auf, indem die vorderen Fußballen fest in den Boden gedrückt werden. Die Beugung der Knie wird dabei beibehalten. Ab dem Beginn der Aufrichtung öffnen sich die Hände, die Handflächen werden zur Decke gedreht (»Yang-Hände«) und die Arme auseinandergenommen, ...

... bis sie in Schulterhöhe diagonal zum Körper stehen. Der Rumpf ist jetzt wieder in der Ausgangsposition. Während der gesamten Aufrichtungsphase wird geführt ausgeatmet.

Am Ende der Aufrichtung werden die Hände abgeknickt und wieder zusammengeführt. Dabei kann der Übende schon anfangen einzuatmen.

Ein Durchgang dieser Übung ist damit abgeschlossen. Die

Wichtig: Der »Motor« der Bewegung ist die Beugung der drei Gelenke von Beinen und Hüfte. Die Knie bleiben über dem 2. und 3. Zeh fixiert, die Füße stehen fest. Der untere Rücken, das Kreuz, darf nicht »hohl« werden. Beim Öffnen der Arme sollten die Schulterblätter nicht zusammengehen. Beim Beugen müssen die Arme unbedingt »rund« bleiben.

---

8 Die heilige Schildkröte paddelt *(Übung mit geführtem Atem)*

Die Schildkröte ist ein vieldeutiges Symbol: Rücken- und Bauchpanzer stellen Himmel und Erde dar, deshalb gilt sie als »heilig«. Sie steht außerdem für langes Leben und unwandelbare Festigkeit.

Grundstellung

Die Füße stehen parallel zueinander schulterbreit in der Grundstellung.

Dann werden die Arme wieder vor dem Körper – wie oben beschrieben – zusammengeführt und die Fingerspitzen aneinandergelegt. Während dieser Phase strömt der Atem ein.

Übung kann zehn- bis zwanzigmal durchgeführt werden.

Wichtig: Es ist nach Möglichkeit darauf zu achten, dass sich die Knie beim Beugen nach der Stellung der Füße ausrichten und der Übende weder x- noch o-beinig steht. Die Füße stehen fest auf dem Boden. Die Hauptbelastung in den Füßen ist auf den Fußballen. Die Beugung der Knie bleibt während der gesamten Übung konstant, lediglich der Rumpf »schaukelt« im Becken vor und zurück.
In der Ausatemphase »knickt« die Lendenwirbelsäule etwas ein (Po rausstrecken), beim Einatmen entspannt sie, und das Kreuzbein sinkt nach unten.

8 Die heilige Schildkröte paddelt *(Übung mit geführtem Atem)*

Die Schildkröte ist ein vieldeutiges Symbol: Rücken- und Bauchpanzer stellen Himmel und Erde dar, deshalb gilt sie als »heilig«. Sie steht außerdem für langes Leben und unwandelbare Festigkeit.

Grundstellung

Die Füße stehen parallel zueinander schulterbreit in der Grundstellung.

Die Knie beugen sich bei der Übung.

Die Arme sind dabei »rund« vor dem Körper, und die Handflächen zeigen nach unten (»Yin-Hände«).

Ausführung

Der Übende geht etwas in die Knie und beugt den geraden
Rumpf nach vorn. Das Gewicht bleibt auf dem Rückfuß.

Die Hände gehen dabei in kreisförmiger Bewegung auseinander. Der Blick ist nach vorn gerichtet. Die Handgelenke sind leicht geknickt. Dabei wird eingeatmet.

Die Knie werden gebeugt und bleiben während der gesamten Übung gebeugt.

Die Arme werden in einem länglichen Oval vor dem Körper gehalten, die Hände befinden sich in Brusthöhe, die Fingerspitzen zeigen schräg zueinander, die Handflächen nach unten (»Yin-Hände«).

Ausführung

Der Rumpf beugt sich mit geradem Rücken nach vorn, das Becken kippt leicht nach vorn (wie ein »Schaukeln« im Becken), und das Gewicht verschiebt sich zu den Fußballen hin. Die leicht geknickten Hände gehen bei der Beugung auseinander und beschreiben vor dem gebeugten Körper ein Oval. Während der Beugung wird geführt ausgeatmet.

Den Rumpf wird wieder aufgerichtet, mit anfänglichem Zischlaut beginnt das Ausatmen, das dann sanft weiterströmt. Die Arme vollenden den begonnenen Kreis und gehen in die Ausgangsstellung zurück.

Der Rücken bleibt während der Übung gerade, vor allem beim Aufrichten darf die Lendenwirbelsäule nicht »hohl« werden.

In einem Durchgang beugt sich der Rumpf einmal und rich-durchgeführt werden.

> **Wichtig:** Die Arme dürfen während der Übung nicht sinken; sie sollen die ganze Zeit auf der gleichen Höhe sein, so, als bewegten sie sich auf einer Fläche.
>
> Beim Aufrichten darf kein Hohlkreuz entstehen!

Wie in der vorigen Übung ist der »Motor« der Bewegung das Beugen der drei unteren Gelenke. Beim Beugen des Rumpfes sollten unbedingt die Knie gebeugt werden, weil sonst lediglich der Po rausgestreckt wird, und die Wirkung auf Oberschenkel, Beckenmuskulatur und Atmung ausbleibt.

Der Rumpf richtet sich zügig wieder in die Grundstellung auf. Die Arme werden dabei mit lockeren Handgelenken so an den Körper herangezogen, dass sie sich im Moment der Aufrichtung wieder in der Grundstellung befinden. Beginnt die Aufrichtung, lässt der Übende den Atem wieder einströmen.

tet sich wieder auf. Die Übung kann zehn- bis zwanzigmal

Auch bei dieser Übung ist darauf zu achten, dass die Beugung in den Knien während der gesamten Übung beibehalten wird.

Nach der Aufrichtung ist rasch wieder zur Beugung des Rumpfs und zur Ausatmung überzugehen, da eine Pause nach dem Einatmen vermieden werden sollte.

Wichtig: Die Schultern hängen während der Übung locker, ebenso die Oberarme. Die Unterarme werden leicht angehoben, sodass die Hände in Brusthöhe gehalten werden können. Die Schultern dürfen nicht hochgezogen werden.

9 Drehung in Form des Bagua

(Übung mit geführtem Atem)

Bagua bedeutet »Acht Trigramme«; damit sind die Grundformen des »Buchs der Wandlungen« (Yijing) gemeint.

Grundstellung

Die Füße stehen parallel zueinander schulterbreit in der Grundstellung.

Die Knie werden gebeugt und bleiben während der gesamten Übung gebeugt.

Die Hände werden mit den Handflächen nach oben (»Yang-Hände«) aufeinander vorn an die Beckenknochen vor das Zentrum gelegt, die Arme sind neben dem Oberkörper, die Ellenbogen sind »rund«.

9 Drehung in Form des Bagua

(Übung mit geführtem Atem)

Bagua bedeutet »Acht Trigramme«; damit sind die Grundformen des »Buchs der Wandlungen« (Yijing) gemeint.

Grundstellung

Die Füße stehen parallel zueinander schulterbreit in der Grundstellung.

Die Knie werden gebeugt und bleiben während der gesamten Übung gebeugt.

Die Hände werden mit den Handflächen nach oben (»Yang-Hände«) vorn an die Beckenknochen in Höhe des Zentrums gelegt, die Arme hängen locker seitlich neben dem Oberkörper, sie liegen jedoch nicht am Körper an.

Ausführung

Ausatmen.

Der Rumpf kippt leicht nach vorn. Dabei geht die rechte Hand nach hinten. Es wird eingeatmet.

Während immer noch eingeatmet wird, »schwingt« die rechte Hüfte nach außen, dabei dreht die rechte Handfläche nach oben, Fingerspitzen nach außen, und kommt vor den Körper.

Ausführung

Einatmen.

Der Rumpf beugt sich mit geradem Rücken leicht nach vorn. Dabei kippt das Becken leicht nach vorn (ein »Schaukeln« im Becken, Po nach hinten). Die rechte Hand wird mit den Fingerspitzen am Becken seitlich vorbei nach hinten geführt. Während dieser Bewegung beginnt das geführte Ausatmen.

Die Hand dreht im Handgelenk so, dass die Fingerspitzen nach außen zeigen.

Das Becken dreht, der Rumpf kippt dabei nach hinten (mit geradem Rücken). Dabei geht die Hand vor der Körpermitte nach oben.

Der Körper ist zurückgelehnt, die Hand über dem Kopf, die Handfläche zeigt nach oben. Die Finger sind nach hinten ausgerichtet, der Übende sieht die Hand. Bis hierhin wird eingeatmet.

Die Hand dreht in einem Bogen weiter, bis sie wieder vor den Körper kommt. Der Rumpf richtet sich wieder auf, schaukelt zurück in die Ausgangsposition. Die Handfläche zeigt nach Möglichkeit ständig nach oben.

Die Hand dreht nach innen in einem Bogen weiter und steigt vor dem Körper, die Fingerspitzen zeigen im Laufe der Drehung in Richtung der Stirn, wobei die Handfläche weiter nach oben zeigt.

Mit dem Ausatmen (mit Explosivlaut) beginnt der Körper, sich aufzurichten.

Die rechte Hand kommt in einer Kreisbewegung vor das Zentrum in die Ausgangsstellung, dabei zeigt die Handfläche ständig nach oben. Die linke Hand bleibt während dieses Bewegungsablaufs am selben Platz.

Die Hand dreht dann weiter, sodass die Fingerspitzen in Stirnhöhe wieder nach außen, vom Körper weg zeigen. Bis hier wird entweder geführt ausgeatmet oder nach dem Ausatmen pausiert.

Die Hand dreht weiter, Hand und Arm sinken dabei, sodass die Hand am Ende der Drehung wieder in Grundstellung am Becken anliegt. Dabei strömt der Atem wieder ein.

Danach wird die Übung entsprechend zur anderen Seite ausgeführt.

In einem Durchgang wird die Bewegung in beiden Armen je durchgeführt werden.

Bewegung im Arm

Die Kreisbewegung, die der Arm macht, wird in zwei weiten Bögen geführt. Die Handfläche zeigt dabei die gesamte Zeit nach oben, als ob man einen Teller mit Suppe darauf balancierte, die nicht überschwappen soll.

Zu Beginn beschreiben die Fingerspitzen dabei einen Kreis nach außen. Dann steigt die Hand über den Kopf. Danach bewegen sich die Fingerspitzen in einem zweiten Bogen wieder vom Körper weg nach außen und kommen dann zum Becken zurück.

Die Arme beschreiben in den Bewegungen Kreise mit großem Radius.

Bewegung des Körpers

Die Körperbewegung enthält ein Kreisen der Hüfte (wie früher beim »Twist«) und eine Kippung des Rumpfes beim Rückwärtsbeugen (wie bei einem »Limbo«-Tänzer). Die Füße bleiben dabei im Boden »verwurzelt«.

Danach wird die Übung entsprechend zur anderen Seite ausgeführt.

einmal ausgeführt. Die Übung kann zehn- bis zwanzigmal

Bewegung im Arm

Die Kreisbewegung, die der Arm macht, wird in zwei relativ weiten Bögen geführt. Die Handfläche zeigt dabei (nach Möglichkeit) die gesamte Zeit nach oben, als ob man einen Teller mit Suppe darauf balanciert, die nicht überschwappen soll.

Zu Beginn beschreiben die Fingerspitzen dabei einen Kreis nach außen, zeigen dann in Stirnhöhe wieder auf den Körper, bewegen sich in einem zweiten Bogen wieder vom Körper weg nach außen und kommen dann zum Becken zurück.

Der Radius, den die Arme in den Kreisbewegungen beschreiben, ist eher klein. Die Beweglichkeit aus den Gelenken wird durch das Üben im Laufe der Zeit besser. Es bleibt immer mehr Suppe im Teller.

Bewegung des Körpers

Der Rumpf »schaukelt« während des ersten Kreises, den der Arm beschreibt, einmal nach vorn und richtet sich dann wieder auf. Während des zweiten Kreises, wenn der Arm nach unten dreht, bleibt der Rumpf aufrecht in Grundstellung.

10 Drachenkopf und Phönixschwanz *(Übung ohne geführten Atem)*

Drache und Phönix sind die mythischen Wesen in China, die die Polarität von Yin (Phönix) und Yang (Drachen) verkörpern; sie sind u. a. Symbol des Kaisers und der Kaiserin. Der Drachenkopf wird in dieser Übung von den Armen gebildet, der Phönixschwanz von den Beinen.

Grundstellung

Die Füße stehen geschlossen nebeneinander. Der Körper ist aufrecht, die Arme sind »rund«, die Hände seitlich an der Hüfte und die Handflächen nach unten ausgerichtet.

Ausführung

Die Beine wippen schwunghaft in die Knie. Das Gewicht wird auf das rechte Bein verlagert.

10 Drachenkopf und Phönixschwanz *(Übung ohne geführten Atem)*

Drache und Phönix sind die mythischen Wesen in China, die die Polarität von Yin (Phönix) und Yang (Drachen) verkörpern; sie sind u. a. Symbol des Kaisers und der Kaiserin. Der Drachenkopf wird in dieser Übung von den Armen gebildet, der Phönixschwanz von den Beinen.

Grundstellung

Die Füße stehen geschlossen nebeneinander. Der Körper ist aufrecht, die Arme hängen locker an den Seiten.

Ausführung

Die Beine wippen schwunghaft in die Knie. Das Gewicht wird auf das rechte Bein verlagert.

Beim Wiederaufrichten schwingt das linke Bein locker gestreckt nach hinten, etwa wie bei einem Skilangläufer. Das Bein hängt in der Luft, die Fußspitzen werden nicht aufgesetzt (»Phönixschwanz«). Die Arme schwingen dabei »rund« vor dem Körper zusammen, die Hände werden so aneinandergelegt, dass sich Daumen und Zeigefinger berühren und die Finger dabei nach vorn zeigen (»Drachenkopf«). In dieser Haltung ziehen die leicht gebeugten Handgelenke in Stirnhöhe, die Finger zeigen weiterhin nach vorn.

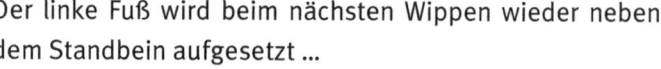

Der linke Fuß wird beim nächsten Wippen wieder neben dem Standbein aufgesetzt ...

... und der Körper für kurze Zeit in die aufrechte Grundstellung gebracht. Die Arme werden dabei locker gelassen und »fallen« wieder in die Grundstellung.

Beim Wiederaufrichten schwingt das linke Bein locker gestreckt nach hinten, etwa wie bei einem Skilangläufer. Das
Bein hängt in der Luft, die Fußspitzen werden nicht aufgesetzt (»Phönixschwanz«). Die Arme schwingen dabei in
einem Oval vor dem Körper zusammen, die Hände werden
so aneinandergelegt, dass sich Daumen und Zeigefinger
berühren und die Finger dabei nach vorn zeigen (»Drachenkopf«). In dieser Haltung ziehen die leicht gebeugten Handgelenke in Stirnhöhe, die Finger zeigen weiterhin
nach vorn.

Der linke Fuß wird beim nächsten Wippen wieder neben
dem Standbein aufgesetzt ...

... und der Körper für kurze Zeit in die aufrechte Grundstellung gebracht. Die Arme werden dabei locker gelassen
und »fallen« wieder in die Grundstellung.

Aus dem folgenden Wippen wird das rechte Bein nach hinten gestreckt.

In einem Durchgang wird jedes Bein einmal nach hinten geführt werden.

Wichtig: Die Fußspitze darf beim Ausschwingen nach hinten
Arme werden nicht über den Kopf genommen, damit die Schulte

11 Der Himmelskönig stützt seinen Rücken *(Übung ohne geführten Atem)*

»Himmelskönige« oder »Wächtergottheiten« sind die überlebensgroßen
Figuren in den großen chinesischen (buddhistischen) Tempeln, die den Tempel
in alle vier Himmelsrichtungen schützen.

Grundstellung

Die Füße stehen parallel zueinander schulterbreit in der
Grundstellung. Sie bleiben während der ganzen Übung
fest am Boden.

Die Beine sind locker gestreckt.

Der linke Arm stützt sich mit dem Handgelenk seitlich in
der Taille ab, die Finger hängen locker nach unten, der Arm
wird möglichst »rund«.

Der rechte Arm wird so über den Kopf gehoben, dass die
Hand über dem Kopf ist und die Handfläche nach unten
zeigt. Es ist darauf zu achten, dass sich die Schulter dabei
nicht hebt.

Aus dem folgenden Wippen wird das rechte Bein nach hinten gestreckt.

gestreckt. Die Übung kann zehn- bis zwanzigmal durch-

nicht aufgesetzt werden. Der Rücken bleibt gerade, die
blätter nicht zusammengehen.

11 Der Himmelskönig stützt seinen Rücken *(Übung ohne geführten Atem)*

»Himmelskönige« oder »Wächtergottheiten« sind die überlebensgroßen
Figuren in den großen chinesischen (buddhistischen) Tempeln, die den Tempel
in alle vier Himmelsrichtungen schützen.

Grundstellung

Die Füße stehen parallel zueinander schulterbreit in der
Grundstellung. Sie bleiben während der ganzen Übung
fest am Boden.

Die Beine sind locker gestreckt oder leicht gebeugt.

Der linke Arm liegt mit dem Handgelenk seitlich so am
Oberschenkel, dass die Finger locker nach unten hängen. Die Handfläche zeigt nach außen. Die Schulter bleibt
locker.

Der rechte Arm wird so über den Kopf gehoben, dass die
Handfläche nach unten zeigt. Dabei befindet sich die Hand
nicht direkt über dem Kopf, sondern leicht davor. Es ist
darauf zu achten, dass sich die Schulter dabei nicht hebt.

Ausführung

Nun zieht der rechte Arm weiter über den Kopf hinweg zur linken Seite, sodass sich der Rumpf zur linken Seite leicht beugt. Der linke Arm unterstützt die Bewegung durch leichten Druck. Die Beugung wird dreimal durch leichtes rhythmisches Wippen zur Seite ausgeführt.

Dann wechselt die Armstellung, und das dreimalige Wippen wird zur rechten Seite ausgeführt.

In einem Durchgang wird dreimal zur einen und dreimal zur zigmal ausgeführt werden.

Wichtig: Es ist darauf zu achten, dass die Handgelenke (Handrücken) in die Taille gestützt werden und nicht die Fäuste.
Ziel der Übung ist die Dehnung einer Körperseite, verwurzelt in der Ferse, und die Weitung des Oberkörpers.

12 Der Himmelskönig Li hebt eine Pagode *(Übung ohne geführten Atem)*

Die vier Himmelskönige heißen Mo Lihai (»Der Tiefe«), Mo Lishou (»Der Uralte«), Mo Liqing (»Der Grüne«), Mo Lihong (»Der Rote«). Gemeint ist einer der vier bzw. eine »Zusammenfassung« von allen vieren. Im Chen-Stil Taiji heißt eine Figur »Der Himmelskönig zerstampft Buddhas Feinde«.

Grundstellung

Die Stellung der Füße kann hier bis zur doppelten Schulterbreite gehen. Die Füße werden um über 45° ausgestellt.

Die Füße stehen während der gesamten Übung fest am Boden.

Ausführung

Nun zieht der rechte Arm weiter vor der Stirn entlang zur linken Seite, sodass sich der Rumpf zur linken Seite leicht beugt. Die Beugung wird dreimal durch leichtes rhythmisches Wippen zur Seite ausgeführt.

Dann wechselt die Armstellung, und das dreimalige Wippen wird zur rechten Seite ausgeführt.

anderen Seite gewippt. Die Übung kann zehn- bis zwan-

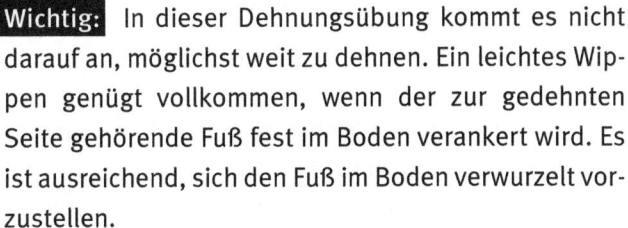

Wichtig: In dieser Dehnungsübung kommt es nicht darauf an, möglichst weit zu dehnen. Ein leichtes Wippen genügt vollkommen, wenn der zur gedehnten Seite gehörende Fuß fest im Boden verankert wird. Es ist ausreichend, sich den Fuß im Boden verwurzelt vorzustellen.

12 Der Himmelskönig Li hebt eine Pagode *(Übung ohne geführten Atem)*

Die vier Himmelskönige heißen Mo Lihai (»Der Tiefe«), Mo Lishou (»Der Uralte«), Mo Liqing (»Der Grüne«), Mo Lihong (»Der Rote«). Gemeint ist einer der vier bzw. eine »Zusammenfassung« von allen vieren. Im Chen-Stil Taiji heißt eine Figur »Der Himmelskönig zerstampft Buddhas Feinde«.

Grundstellung

Die Füße werden hier etwas weiter als schulterbreit aufgestellt und um maximal 45° ausgedreht.

Die Füße stehen während der gesamten Übung fest am Boden.

Die Knie werden gebeugt, der Oberkörper ist aufrecht. Das Gewicht ruht auf dem Rückfuß.

Die Arme werden diagonal so seitlich nach vorn gestreckt, dass sie sich in die gleiche Richtung wie die Oberschenkel ausrichten. Die Handflächen zeigen zum Boden (»Yin-Hände«).

Ausführung

Mit Beginn der Übung drehen die Hände zum Boden (»Yin-Hände«).

Durch gleichzeitiges Beugen in den drei Gelenken (Hüfte, Knie, Füße) sinkt der Rumpf gerade nach unten. Die Arme gehen mit.

Besonders intensiv wird die Übung, wenn die Unterarme die Oberschenkel berühren; dabei soll sich der Körper aber nicht nach vorn beugen.

Die Knie werden leicht gebeugt. Der Rumpf schaukelt leicht nach vorn.

Die Arme werden diagonal so seitlich nach vorn gestreckt, dass sie sich in die gleiche Richtung wie die Oberschenkel ausrichten. Die Handflächen zeigen zum Boden (»Yin-Hände«).

Ausführung

Mit Beginn der Übung drehen die Hände zum Boden (»Yin-Hände«). Der Übende schaukelt weiter nach vorn (Po geht nach hinten), die Arme werden mitgenommen. Die Knie beugen sich dabei leicht.

Die Aufrichtung hat ihren Impuls im Druck in die Fersen. Der Körper bleibt möglichst entspannt. Dabei drehen die Hände, und die Handflächen zeigen nach oben (»Yang-Hände«).

In einem Durchgang werden die Knie einmal gerichtet. Die Übung kann zehn- bis zwanzigmal

Wichtig: Es ist darauf zu achten, dass das Gewicht während der gesamten Übung rückfußbetont bleibt. Beine und Hüften beugen sich intensiv nach dem »Ziehharmonika-Prinzip«.

Variante
Durch die intensive Beugung der Beine kann auch Innere Kraft entwickelt werden, wenn beim Beugen ein- und beim Hochkommen ausgeatmet wird.

Ausgehend von den Fußballen beginnt die Aufrichtung zurück in die Grundstellung mit Drehung
der Hände, die Handflächen zeigen nach oben
(»Yang-Hände«). Der Oberkörper »schaukelt« zurück, d. h., er richtet sich auf.

beugt und wieder in die Grundstellung aufge-
durchgeführt werden.

Wichtig: Es ist darauf zu achten, dass sich die Knie beim Beugen nach der
Stellung der Füße ausrichten und der Übende weder x- noch o-beinig steht. Die
Hauptbelastung im Fuß ist auf den Fußballen.
Die Beugung der Knie bleibt während der gesamten Übung weitgehend konstant,
lediglich der Rumpf »schaukelt« im Becken vor und zurück.

Variante
Will man Kraft beim Sinken gewinnen, wird dabei ausgeatmet.

13 Der fliegende Adler dreht seinen Kopf *(Übung mit geführtem Atem)*

Der Adler ist hier (wie auch im Westen) ein Symbol der Stärke.

Grundstellung

Die Füße stehen parallel zueinander schulterbreit in der Grundstellung.

Die Knie werden gebeugt und bleiben während der gesamten Übung gebeugt.

Die Arme werden seitlich, aber noch vor dem Körper »rund« gehalten, die Handgelenke abgeknickt, sodass eine relativ große Spannung im Arm entsteht. Finger zeigen nach oben.

Ausführung

Der Rumpf dreht links nach seitlich-hinten, der Kopf dreht weiter, sodass der Blick am Ende der Drehung nach hinten geht.

Währen der Drehung wird eingeatmet. Die Bewegung kann am Ende der Drehung kurz angehalten werden, ebenso der Atem.

13 Der fliegende Adler dreht seinen Kopf *(Übung mit geführtem Atem)*

Der Adler ist hier (wie auch im Westen) ein Symbol der Stärke.

Grundstellung

Die Füße stehen parallel zueinander schulterbreit in der Grundstellung.

Die Knie werden gebeugt und bleiben während der gesamten Übung gebeugt.

Die Arme werden diagonal seitlich vom Körper gehalten, die Hände sind aufgestellt, die Finger zeigen nach oben, die Daumen zum Körper und die Handflächen schräg nach vorn.

Der Oberkörper ist leicht nach vorn gebeugt.

Ausführung

Mit dieser Armhaltung dreht der Rumpf etwa 45° zur linken Seite. Der Kopf wird mitgenommen. Durch die Drehung verlagert sich das Gewicht auf das rechte Bein.

Während der Drehung wird geführt ausgeatmet. Am Ende der Drehung geht der Blick zur rechten Hand.

Mit dem »explosiven« Ausatmen beginnt der Rumpf elastisch in die Ausgangsstellung zurückzudrehen, die Arme gehen mit. Bis zum Erreichen der Grundstellung wird sanft weiter ausgeatmet. Die Handgelenke entspannen, Finger zeigen weiter nach oben.

Ohne Atempause wird die Drehung zur rechten Seite ausgeführt.

In einem Durchgang wird die Drehung einmal nach links und einmal nach rechts aus-

Wichtig: Obwohl der Körper sich bei der Drehung etwas neigen muss, soll in der Einatemphase die innere energetische Bewegung als Spirale nach oben gedacht werden.
Für Fortgeschrittene: Bei der Drehung zur Seite verlagert sich das Gewicht auf die hintere Ferse, der Rücken beugt sich weiter nach hinten, sodass der Blick nach oben geht.

Vom weitesten Drehpunkt aus wird der Rumpf in die Grundstellung zurückgebracht, die Arme gehen mit. Dabei strömt der Atem, spätestens in der Mittelstellung, wieder ein.

Danach wird die Drehung zur rechten Seite ausgeführt.

geführt. Die Übung kann zehn- bis zwanzigmal durchgeführt werden.

Wichtig: Durch die Drehung wird das Gewicht stärker auf das Bein verlagert, zu dessen Seite die Drehung ausgeführt wird. Diese Verlagerung geschieht jedoch nicht bewusst, sondern ergibt sich unmittelbar aus der Drehung.
Beide Füße bleiben fest am Boden verankert, die Knie bewegen sich nicht. Dadurch »schraubt« sich der Übende gewissermaßen in das belastete Bein hinein. Die Drehung darf nur so weit ausgeführt werden, wie beide Knie noch unbewegt stehen bleiben können.

14 Große und kleine goldene Sterne *(Übung ohne geführten Atem)*

Die Sterne haben in der chinesischen Kosmologie größeren Einfluss auf das menschliche Leben als die Planeten. Nach daoistischer Auffassung hatten vergöttlichte Personen in den Sternen ihre Wohnung.

Grundstellung

Die Füße stehen geschlossen nebeneinander. Der Körper ist aufrecht, die Arme sind »rund«, die Fingerspitzen berühren die Taille.

Ausführung

Der Übende springt auf den Fußspitzen etwa schulterbreit auseinander, während die Arme in einer Kreisbewegung gehoben werden, bis sich die Fingerspitzen über dem Kopf treffen. Die Arme bleiben die ganze Zeit »rund«.

14 Große und kleine goldene Sterne *(Übung ohne geführten Atem)*

Die Sterne haben in der chinesischen Kosmologie größeren Einfluss auf das menschliche Leben als die Planeten. Nach daoistischer Auffassung hatten vergöttlichte Personen in den Sternen ihre Wohnung.

Grundstellung

Die Füße stehen geschlossen nebeneinander. Der Körper ist aufrecht, die Arme hängen leicht ausgestellt an den Seiten, die Fingerspitzen berühren die Oberschenkel.

Ausführung

Der Übende springt auf den Fußspitzen etwa schulterbreit auseinander, während die Arme in einer Kreisbewegung gehoben werden, bis sich die Fingerspitzen über dem Kopf treffen. Die Arme bleiben die ganze Zeit leicht gebeugt in einer länglichen Ovalform.

> **Wichtig:** Die Fersen sollen beim Aufkommen auf den Zehen möglichst hoch angehoben werden.

Danach springt der Übende in die Ausgangsposition zurück. Die Bewegung ähnelt der Übung »Hampelmann«.

Die Übung ist einmal durchgeführt, wenn der Übende in die Sprüngen sollte keine Pause gemacht werden. Die Übung

15 Hände und Füße treffen sich *(Übung ohne geführten Atem)*

Grundstellung

Die Füße stehen geschlossen nebeneinander. Der Körper ist aufrecht, Beine locker gestreckt, die Arme hängen locker an den Seiten.

Ausführung

Der Übende hebt beide Arme locker gestreckt parallel zueinander vor dem Körper bis in Brusthöhe.

Dann kickt er zuerst mit dem linken locker gestreckten Bein nach oben in Richtung Hand, ...

Danach springt der Übende in die Ausgangsposition zurück. Die Bewegung ähnelt der Übung »Hampelmann«.

Ausgangsposition zurückgesprungen ist. Zwischen den kann zehn- bis zwanzigmal wiederholt werden.

15 Hände und Füße treffen sich *(Übung ohne geführten Atem)*

Grundstellung

Die Füße stehen geschlossen nebeneinander. Der Körper ist aufrecht, die Arme hängen locker an den Seiten.

Ausführung

Der Übende hebt beide Arme locker gestreckt parallel zueinander vor dem Körper bis in Brusthöhe.

Dann kickt er zuerst mit dem linken locker gestreckten Bein nach oben in Richtung Hand, ...

... dann mit dem rechten Bein nach oben in Richtung Hand.

Danach werden die Arme locker zur Seite gestreckt, so-dass sie seitlich zum Körper stehen. Wieder wird zuerst mit dem linken Bein, ...

... dann mit dem rechten Bein in Richtung der jeweils seit-lich ausgestreckten Hand gekickt.

Dabei schaut der Übende jeweils in Richtung des Kicks.

In einem Durchgang werden alle vier Kicks, zwei nach vorn, drei- bis fünfmal durchgeführt werden.

Wichtig: Das Standbein sollte locker gestreckt sein, das angehobene Bein leicht gebeugt. Es ist nicht erforderlich, dass sich Füße und Hände während der Kicks tatsächlich treffen. Vielmehr ist darauf zu achten, dass der Rücken dabei nicht gebeugt ist, sondern aufrecht bleibt, der Kick also nur so hoch ausgeführt wird, wie es mit geradem Rücken möglich ist. Gut stehen, dann kicken.

... dann mit dem rechten Bein nach oben in Richtung Hand.

Danach werden die Arme locker zur Seite gestreckt, so-dass sie seitlich zum Körper stehen. Wieder wird zuerst mit dem linken Bein, ...

... dann mit dem rechten Bein in Richtung der jeweils seit-lich ausgestreckten Hand gekickt.

Dabei schaut der Übende jeweils in Richtung des Kicks.

zwei zur Seite, ausgeführt. Die Übung kann zu jeder Seite

Wichtig: Es ist nicht erforderlich, dass sich Füße und Hände während der Kicks tatsäch-lich treffen. Vielmehr ist darauf zu achten, dass der Rücken bei den Kicks nicht gebeugt ist, sondern aufrecht bleibt, der Kick also nur so hoch ausgeführt wird, wie es mit ge-radem Rücken möglich ist. Es ist auf einen sicheren Stand im Standbein zu achten, erst danach Kicken. Das Standbein nicht durchstrecken.

16 Verbrauchte Luft ausatmen und frische Luft einatmen

(Übung mit geführtem Atem)

Diese Übung nimmt bezüglich des Atems eine Sonderstellung ein: Der Atem wird zwar geführt, ist aber eher »Entspannungsatem« als »Leistungsatem«, weil der Körper aufrecht und die Beine gestreckt bleiben.

Grundstellung

Die Füße stehen geschlossen nebeneinander. Der Körper ist aufrecht, die Arme werden vor dem Körper zusammengeführt, sodass die Hände vor dem Zentrum ineinanderliegen und die Handflächen nach oben ausgerichtet sind.

Ausführung

Zu Beginn der Übung atmet der Übende aus.

Der Übende geht auf die Zehenspitzen, die Hände werden dabei dicht am Körper entlang mit »offenen« Ellenbogen bis in Schulterhöhe angehoben. Dabei wird eingeatmet.

16 Verbrauchte Luft ausatmen und frische Luft einatmen

(Übung mit geführtem Atem)

Diese Übung nimmt bezüglich des Atems eine Sonderstellung ein: Der Atem wird zwar geführt, ist aber eher »Entspannungsatem« als »Leistungsatem«, weil der Körper aufrecht und die Beine gestreckt bleiben.

Grundstellung

Die Füße stehen geschlossen nebeneinander. Der Körper ist aufrecht, die Arme werden vor dem Körper zusammengeführt, sodass die Hände vor dem Zentrum ineinanderliegen und die Handflächen nach oben ausgerichtet sind. Zwischen dem Körper und den Händen ist etwas Abstand.

Ausführung

Zu Beginn der Übung atmet der Übende aus.

Der Übende rollt im Fuß nach vorn oder geht weiter auf die Zehenspitzen. Die Hände werden in dieser Haltung am Körper entlang, jedoch mit Abstand zum Körper, nach oben geführt, bis sie beinahe Schulterhöhe erreicht haben. Während dieser Phase strömt der Atem ein.

Die Hände drehen so, dass die Handflächen jetzt zum Boden schauen, ...

... und werden dann in die Grundstellung zurückgeführt. Die Fersen werden wieder auf den Boden abgesenkt. Während dieser Phase atmet der Übende stimmlos mit offenem Mund auf »Haaaa« aus.

Die Hände drehen so, dass die Handflächen jetzt zum Boden schauen, ...

... und werden dann in die Grundstellung zurückgeführt. Die Fersen werden wieder auf den Boden abgesenkt bzw. man rollt im Fuß zurück. Während dieser Phase atmet der Übende stimmlos mit offenem Mund auf »Haaaa« aus.

In einem zweiten Kreis hebt sich der Übende wieder auf die Zehenspitzen und atmet ein. Dabei werden die Hände, wie oben beschrieben, bis in Schulterhöhe geführt.

Dann lösen sich die Hände und drehen so, dass die Handflächen nach außen, vom Körper weg, zeigen. Der Übende beginnt, wie oben beschrieben, geführt auszuatmen. Die Hände öffnen sich weiter zu den Seiten, die Arme gehen weit auseinander, der Brustraum öffnet sich, die Schulterblätter dürfen sich dabei jedoch nicht verschieben.

In einem zweiten Kreis rollt der Übende nach vorn oder hebt sich wieder auf die Zehenspitzen und atmet ein. Dabei werden die Hände, wie oben beschrieben, bis in Schulterhöhe geführt.

Dann drehen die Hände so, dass die Handflächen nach außen, vom Körper weg zeigen. Der Übende beginnt, wie oben beschrieben, geführt auszuatmen. Die Hände öffnen sich zu den Seiten, gehen auseinander bis in die Diagonale ...

Dann werden die Hände in einem Halbkreis wieder in die Grundstellung zurückgeführt, die Arme sind dabei »rund«, die Fersen sinken auf den Boden.

In einem dritten Kreis werden die Hände, wie oben beschrieben, bis in Schulterhöhe geführt. Der Übende hebt sich dabei auf die Zehenspitzen und atmet wieder ein.

... und werden dann in einem Halbkreis wieder in die Grundstellung zurückgeführt, die Fersen sinken auf den Boden, oder man rollt zurück.

In einem dritten Kreis werden die Hände, wie oben beschrieben, bis in Schulterhöhe geführt. Der Übende rollt vor oder hebt sich dabei auf die Zehenspitzen und atmet wieder ein.

Dann drehen die Hände so, dass die Handflächen nach oben zeigen.

Die Hände ziehen in dieser Haltung weiter nach oben, bis die Arme fast gestreckt und die Hände über den Kopf gehoben sind.

Die Arme öffnen sich und ziehen in einem Kreis weit bis zu den Seiten auseinander. Der Übende beginnt, wie oben beschrieben, geführt auszuatmen.

Dann drehen die Hände so, dass die Handflächen nach oben zeigen.

Die Hände ziehen in dieser Haltung weiter nach oben, bis die Arme etwas vor dem Kopf nach oben gestreckt sind.

Die Arme öffnen sich und ziehen in einem Kreis seitlich vor dem Körper auseinander bis in die Diagonalen. Der Übende beginnt, wie oben beschrieben, geführt auszuatmen.

Die Hände sinken an den Seiten herab ...

... und werden wie in der zweiten Bewegung wieder in der Grundstellung zusammengeführt. Die Fersen sinken auf den Boden.

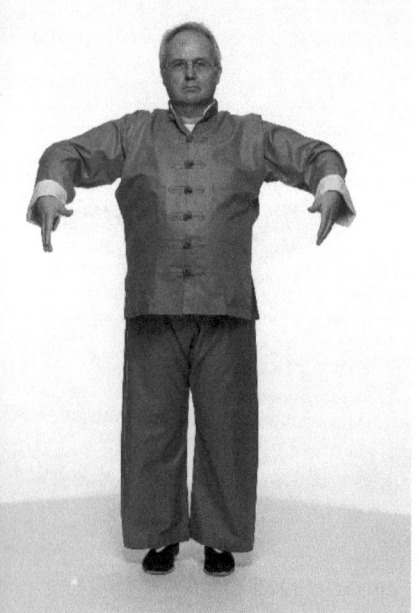

Die Übung ist einmal ganz durchgeführt, wenn alle drei
Die Übung wird in der Regel dreimal durchgeführt.

Die Hände sinken in den Diagonalen
ab ...

... und werden wie in der zweiten Bewegung wieder in der Grundstellung
zusammengeführt, die Fersen sinken
auf den Boden bzw. rollen zurück.

Bewegungsabläufe der Arme ausgeführt wurden.

> **Wichtig:** Die Hände sollten dicht am Körper angehoben werden, damit in die Brust eingeatmet werden kann.
> Beim Senken der Arme werden die Arme locker gestreckt.
>
> Beim Heben der Fersen ist darauf zu achten, dass die Füße auf dem Großzehballen bleiben und nicht nach außen wegknicken.

17 Der heilige Kranich streckt seine Klauen

(Übung ohne geführten Atem)

In der chinesischen Mythologie ist der Kranich eines der Symbole für langes Leben. Ein »heiliger Kranich« versinnbildlicht Weisheit. Im Volksglauben verwandelte sich ein daoistischer Priester nach seinem Tod in einen solchen.

Grundstellung

Die Füße stehen geschlossen nebeneinander. Der Körper ist aufrecht, die Arme hängen locker an den Seiten.

Ausführung

Beide Hände werden zu sogenannten »Peitschenhänden« geformt: Alle vier Fingerspitzen berühren den Daumen. Die Handgelenke werden stark gebeugt, sodass die Fingerspitzen in Richtung Unterarm zeigen.

> **Wichtig:** Es ist darauf zu achten, dass sich die Schultern beim Heben der Hände nicht ebenfalls heben. Dazu kann der Abstand zwischen Händen und Körper vergrößert werden, oder die Hände können nicht bis in Schulterhöhe, sondern nur bis Brusthöhe gehoben werden.
>
> Die Arme werden – außer beim dritten Kreis nach oben – nicht gestreckt. Eine Beugung im Ellenbogen wird beibehalten. Es ist auf die solare Haltung der Schultern und Ellenbogen zu achten: Die Schultern hängen locker, die Ellenbogen sind »tief«, obwohl die Hände selbst in Schulterhöhe sein können.

17 Der heilige Kranich streckt seine Klauen

(Übung ohne geführten Atem)

In der chinesischen Mythologie ist der Kranich eines der Symbole für langes Leben. Ein »heiliger Kranich« versinnbildlicht Weisheit. Im Volksglauben verwandelte sich ein daoistischer Priester nach seinem Tod in einen solchen.

Grundstellung

Die Füße stehen geschlossen nebeneinander. Der Körper ist aufrecht, die Arme hängen locker an den Seiten.

Ausführung

Beide Hände werden zu sogenannten »Peitschenhänden« geformt: Alle vier Fingerspitzen berühren den Daumen. Die Handgelenke werden stark gebeugt, sodass die Fingerspitzen in Richtung Unterarm zeigen.

Mit dieser Handhaltung werden die Arme so vor den Körper geführt, dass die Arme in den Ellenbogen abknicken, die »Peitschenhände« aneinanderliegen und die Finger zum Körper zeigen. Wenn möglich werden auch die Unterarme aneinandergelegt.

Dann drehen die »Peitschenhände« so, dass die Finger nun vom Körper weg nach außen zeigen.

Nun ziehen die Handgelenke als höchste Punkte schräg nach oben, bis die Arme gestreckt sind; dabei öffnen sich die Unterarme, die Hände liegen aber weiterhin aneinander. Während der Streckung der Arme geht der Übende auf die Zehenspitzen.

Mit dieser Handhaltung werden die Arme so vor den Körper geführt, dass die Arme in den Ellenbogen abknicken, die »Peitschenhände« aneinanderliegen und die Finger zum Körper zeigen. Wenn möglich werden auch die Unterarme aneinandergelegt.

Dann drehen die »Peitschenhände« so, dass die Finger nun vom Körper weg nach außen zeigen.

Nun ziehen die Handgelenke als höchste Punkte schräg nach oben, bis die Arme gestreckt sind; dabei öffnen sich die Unterarme, die Hände liegen aber weiterhin aneinander. Während der Streckung der Arme geht der Übende auf die Zehenspitzen.

Die Hände drehen oben, sodass die Fingerspitzen wieder in Richtung Körper schauen.

Danach werden die Arme wieder gesenkt, die Unterarme berühren einander wieder. Synchron zu dieser Bewegung senken sich die Fersen wieder ab.

Die Hände werden geöffnet, und die Arme fallen locker an den Seiten herunter.

In einem Durchgang werden die Arme einmal gestreckt und zigmal durchgeführt werden.

Die Hände drehen oben, sodass die Fingerspitzen wieder in Richtung Körper schauen.

Danach werden die Arme wieder gesenkt, die Unterarme berühren einander wieder. Synchron zu dieser Bewegung senken sich die Fersen wieder ab.

Die Hände werden geöffnet, und die Arme fallen locker an den Seiten herunter.

wieder fallen gelassen. Die Übung kann zehn- bis zwan-

18 Schmetterlinge fliegen in Paaren *(Übung ohne geführten Atem)*

Grundstellung

Die Füße stehen parallel zueinander schulterbreit in der Grundstellung. Die Beine sind locker gestreckt.

Die Arm- und Handhaltung ist wie in der Übung »Drehung in Form des Bagua«: Die Hände, mit den Handflächen nach oben (»Yang-Hände«), liegen etwas über den Hüftgelenken am Becken an.

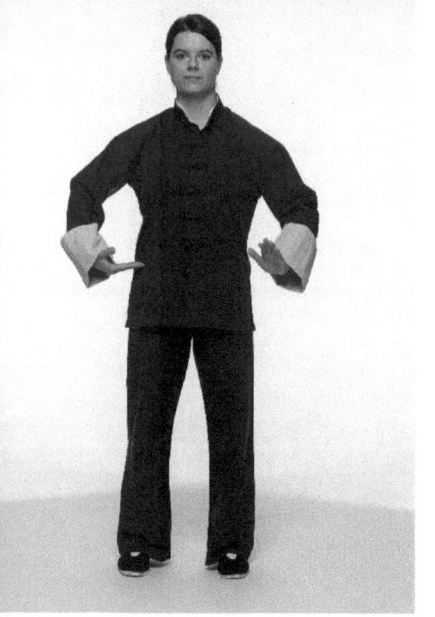

Ausführung

Die linke Hand dreht mit der Handfläche zum Boden und knickt im Handgelenk so ab, dass die Fingerspitzen schräg nach oben zeigen.

18 Schmetterlinge fliegen in Paaren *(Übung ohne geführten Atem)*

Grundstellung

Die Füße stehen parallel zueinander schulterbreit in der Grundstellung. Die Beine sind locker gestreckt oder leicht gebeugt.

Die Arm- und Handhaltung ist wie in der Übung »Drehung in Form des Bagua«: Die Arme sind leicht ausgestellt, die Hände liegen mit den Handflächen nach oben seitlich knapp unterhalb des Beckens an.

Ausführung

Die linke Hand dreht mit der Handfläche zum Boden und knickt im Handgelenk so ab, dass die Fingerspitzen schräg nach oben zeigen.

Dann zieht die linke Hand so nach oben, dass die Handfläche nach oben zeigt und die Fingerspitzen nach hinten.
Dabei »drückt« der Übende mit der Handfläche nach oben,
als wolle er eine Last zur Decke schieben. Dadurch kommt
Spannung in den Arm.

Ist der Arm nach oben locker gestreckt und die maximale
Spannung erreicht, wird die Hand so gedreht, dass der
Übende in die Handfläche schauen kann und Hand und
Arm entspannt werden. Das Handgelenk wird »rund«.
Gleichzeitig wird die rechte untere Hand gedreht, wie vor-
her die linke.

Dann zieht die linke Hand so nach oben, dass die Handfläche nach oben zeigt und die Fingerspitzen nach hinten.
Dabei »drückt« der Übende mit der Handfläche nach oben,
als wolle er eine Last zur Decke schieben. Dadurch kommt
Spannung in den Arm.

Ist der Arm nach oben locker gestreckt und die maximale
Spannung erreicht, wird die Hand so gedreht, dass der
Übende in die Handfläche schauen kann und Hand und
Arm entspannt werden. Das Handgelenk wird »rund«.
Gleichzeitig wird die rechte untere Hand gedreht, wie vor-
her die linke.

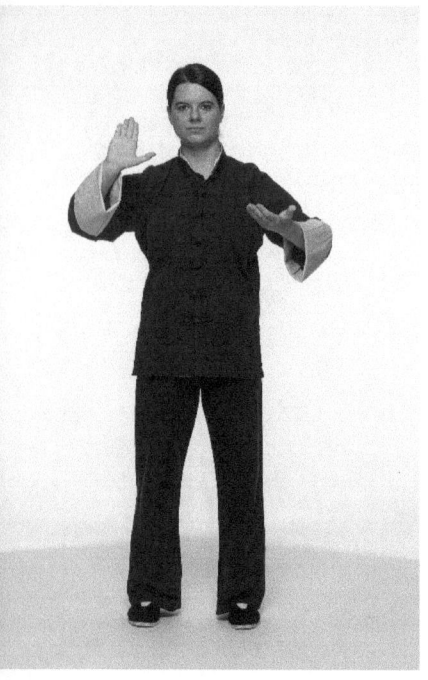

In dieser lockeren Haltung sinkt der linke obere Arm wieder nach unten in die Grundstellung, die rechte untere Hand steigt wie oben beschrieben. Es entsteht so ein Wechsel zwischen dem Heben und Senken der Arme, zwischen Spannung und Entspannung.

In einem Durchgang werden beide Arme je einmal gehoben Arm gesenkt, ohne dass der untere noch einmal gestreckt werden.

In dieser lockeren Haltung sinkt der linke obere Arm wieder nach unten in die Grundstellung, die rechte untere Hand steigt wie oben beschrieben. Es entsteht so ein Wechsel zwischen dem Heben und Senken der Arme, zwischen Spannung und Entspannung.

und gesenkt. Zum Schluss der Übung wird der obere
wird. Die Übung kann zehn- bis zwanzigmal durchgeführt

19 Das Nashorn trinkt Wasser *(Übung mit geführtem Atem)*

Grundstellung

Der rechte Fuß wird vor den linken gesetzt. Das Gewicht ist auf der hinteren linken Ferse, der Fuß ist um über 45° ausgedreht. Der rechte Fuß steht bequem davor, die Fußspitze zeigt nach vorn und liegt nicht auf. Zöge man den vorderen Fuß gerade zurück, gingen die Fersen knapp aneinander vorbei. Die Beine sind gestreckt.

Die Hände liegen auf dem Rücken in Höhe der Taille, die Handrücken berühren sich locker, die Arme sind »rund«.

Ausführung

Ausatmen.

Der Übende beugt den Rumpf mit geradem Rücken langsam nach vorn. Beim Beugen wird eingeatmet. Beide Beine sind während der gesamten Übung locker gestreckt, das Gewicht bleibt vorwiegend auf dem hinteren Fuß, verlagert sich aber durch die Beugung wie von allein etwas nach vorn.

19 Das Nashorn trinkt Wasser *(Übung mit geführtem Atem)*

Grundstellung

Der rechte Fuß wird vor den linken gesetzt. Der Schwerpunkt des Gewichts ist zu Anfang auf dem hinteren linken Fuß. Der vordere rechte Fuß zeigt gerade nach vorn und wird ganz abgelegt; der andere Fuß steht maximal 45° ausgestellt dahinter. Der vordere Fuß ist »leer«. Beide Beine sind gebeugt.

Die Hände werden locker auf dem unteren hinteren Becken abgelegt, sodass die Arme seitlich locker hängen und die Finger sich auf dem Rücken berühren.

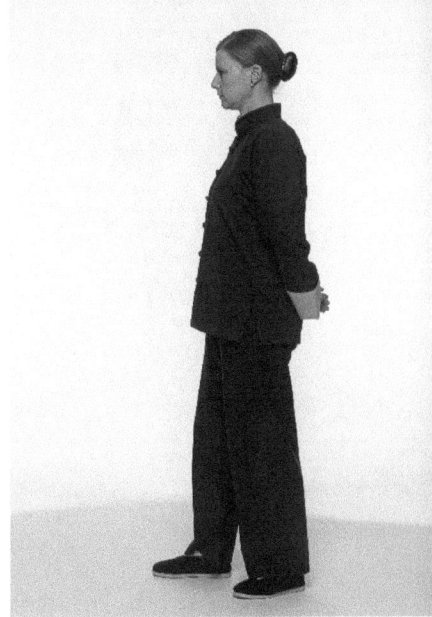

Ausführung

Einatmen.

Der Übende beugt den Rumpf mit geradem Rücken langsam nach vorn. Bei der Beugung wird geführt ausgeatmet. Durch die Beugung kommt etwas Gewicht auf den vorderen Fuß.

Der Rumpf richtet sich dann langsam wieder auf. Zu Beginn wird »explosiv« ausgeatmet. Zur Intensivierung kann der vordere Fuß steil aufgestellt werden.

Die Übung ist mit der Wiederaufrichtung einmal durch-Füße ihre Stellung.

Wichtig: Es sollte nur so weit gebeugt werden, dass Bauch und Brust nicht eingeengt werden. Der Blick geht beim Beugen nach vorn, der Kopf bleibt aber in seiner Haltung.

20 Gleichermaßen schön *(Übung mit geführtem Atem)*

»Gleichermaßen schön« bedeutet hier, sich zu jeder Seite gleichermaßen schön und harmonisch zu bewegen.

Grundstellung

Die Füße stehen parallel zueinander schulterbreit in der Grundstellung.

Die Knie werden gebeugt und bleiben während der gesamten Übung gebeugt.

Die Unterarme werden waagrecht vor der Brust gehalten, sodass sich die Fingerspitzen der Mittelfinger berühren, Handflächen zeigen nach unten. Unter den Ellenbogen ist viel »Luft«.

Dann richtet sich der Körper wieder in die Ausgangsposition auf, der Atem strömt dabei (eher am Ende der Aufrichtung) wieder ein.

geführt. Nach fünf bis zehn Beugungen wechseln die

> **Wichtig:** Der Kopf wird in Verlängerung der Wirbelsäule mitgeführt, liegt also weder im Nacken noch »fällt« er nach unten. Die Beugung wird nur so weit ausgeführt, dass der Rücken gerade bleibt.

20 Gleichermaßen schön *(Übung mit geführtem Atem)*

»Gleichermaßen schön« bedeutet hier, sich zu jeder Seite gleichermaßen schön und harmonisch zu bewegen.

Grundstellung

Die Füße stehen parallel zueinander schulterbreit in der Grundstellung.

Die Knie und Hüften werden gebeugt und bleiben während der gesamten Übung gebeugt.

Die Arme werden so vor der Brust gehalten, dass sich die Fingerspitzen der Mittelfinger berühren, Handflächen zeigen nach unten. Schultern und Ellenbogen hängen locker, die Hände sind leicht angehoben.

Ausführung

Ausatmen.

Der Rumpf dreht etwa 90° nach links, der Kopf geht dabei mit. Durch die Drehung verlagert sich das Gewicht auf das linke Bein. Während der Drehung wird eingeatmet.

Am Ende der Drehung beginnt das Ausatmen mit dem Zisch- oder Explosivlaut, und die Hände werden auseinandergenommen, die Arme in den Ellenbogen gekippt und seitlich locker gestreckt.

Das Einatmen beginnt: Die Hände werden zusammengenommen, und das Gewicht wird von Ferse zu Ferse verlagert, ohne das Zentrum zu drehen. Erst wenn die rechte Ferse gefunden ist, ...

Ausführung

Der Rumpf dreht um etwa 45° nach links. Der Kopf wird mitgenommen. Durch die Drehung verlagert sich das Gewicht auf das linke Bein.

Am Ende der Drehung werden die Hände auseinandergenommen, die Arme von den Ellenbogen aus geöffnet und seitlich locker gestreckt. Während der Drehung atmet der Übende geführt aus.

Vom weitesten Drehpunkt aus werden die Hände zügig wieder in Brusthöhe zusammengenommen, …

... beginnt die Drehung des Zentrums zur Mitte und weiter zur anderen Seite.

In einem Durchgang wird die Drehung in beide Richtungen durchgeführt werden.

Zu Beginn wird die Übung eher mechanisch gelernt, und die Arme werden erst geöffnet, wenn die Drehung vollendet ist. Dieser mechanische Ablauf wird mit der Zeit fließender werden, sodass die Arme bereits mit der Drehung öffnen und schließen, die Grundstruktur der Übung aber dennoch erhalten bleibt.

Wichtig: Lockere Bewegung der Unterarme aus den Ellenbogen heraus. Während der Armbewegung spüren, ob die Schultern zurückgehen. Wenn ja, Ellenbogen eher vor dem Körper lassen. Die Schulterblätter dürfen nicht zusammengehen.

... und der Rumpf wird in die Grundstellung zurückgedreht. Der Atem strömt wieder ein.

Danach wird die Drehung zur anderen Seite ausgeführt.

einmal ausgeführt. Die Übung kann zehn- bis zwanzigmal

Zu Beginn wird die Übung eher mechanisch gelernt, und die Arme werden erst geöffnet, wenn die Drehung vollendet ist. Dieser mechanische Ablauf wird mit der Zeit fließender werden, sodass die Arme bereits mit der Drehung öffnen und schließen, die Grundstruktur der Übung aber dennoch erhalten bleibt.

> **Wichtig:** Lockere Bewegung der Unterarme aus den Ellenbogen heraus. Während der Armbewegung spüren, ob sich die Schultern anspannen. Wenn ja, Ellenbogen eher hängen lassen und die Bewegung so lange verändern, bis sie ohne Spannung in den Schultern möglich ist.

21 Das Kind betet zu Guanyin *(Übung ohne geführten Atem)*

»Guanyin«, ursprünglich eine buddhistische Gottheit, wurde im chinesischen Volksglauben zur Göttin der Barmherzigkeit und unter christlichem Einfluss dann der »Madonna« nachempfunden.

Grundstellung

Der Übende steht während der Übung auf dem linken Bein, das locker gestreckt ist. Der linke Fuß zeigt nach vorn.

Der Fuß des rechten Beins liegt mit dem Knöchel knapp über dem Knie des Standbeins auf, der Fuß ist dabei angezogen.

Die Fingerspitzen beider Hände berühren sich und werden etwas über Stirnhöhe vor den Kopf gehoben.

Ausführung

Der Übende beugt mit aufrechtem Rücken das Knie des Standbeins. Dabei sinken die Hände in der Grundstellung vor die Brust.

Danach streckt sich das Bein wieder, und die Hände werden wieder gehoben.

Der Fuß wird während der Übung gleichmäßig rückfußbetont belastet.

Diese Übung kann drei bis fünfmal durchgeführt werden.

21 Das Kind betet zu Guanyin *(Übung ohne geführten Atem)*

»Guanyin«, ursprünglich eine buddhistische Gottheit, wurde im chinesischen Volksglauben zur Göttin der Barmherzigkeit und unter christlichem Einfluss dann der »Madonna« nachempfunden.

Grundstellung

Der Übende steht während der Übung auf dem linken Bein, das locker gestreckt ist. Der linke Fuß zeigt nach vorn.

Der Fuß des rechten Beins liegt mit dem Knöchel knapp über dem Knie des Standbeins auf, der Fuß hängt dabei locker nach unten.

Die Fingerspitzen beider Hände berühren sich und werden etwa in Stirnhöhe vor den Kopf gehoben.

Ausführung

Der Übende sinkt mit geradem Rücken nach unten. Dazu beugt er die Hüfte (Oberkörper »schaukelt« nach vorn) und beugt etwas das Knie des Standbeins. Dabei sinken die Hände in der Grundstellung vor die Brust.
Danach streckt sich das Bein wieder, der Oberkörper »schaukelt« zurück, und die Hände werden gehoben.

Die Belastung im Fuß ist während der Übung mittelfußbetont, jedoch eher in Richtung der Fußballen.

Dann wird das Bein gewechselt.

22 Die Peitsche gleichmäßig weiterdrehen

(Übung ohne geführten Atem)

Die »Peitsche« ist eine Position aus der Taiji-Form.

Grundstellung

Der Übende steht in der Taiji-Vorwärtsstellung. Dabei steht der rechte belastete Fuß vorn, die Zehen sind gerade nach vorn gerichtet. Der linke unbelastete Fuß steht dahinter und ist ca. 45° ausgedreht, der seitliche Abstand zwischen den Füßen ist schulterbreit.

Beide Arme bilden die aus dem Taiji bekannten »Peitschenarme«, aber beide Hände als Hakenhand. Die Spitzen der Finger berühren die Daumenspitze, die Hände knicken in den Handgelenken stark ab. Beide Arme werden ganz durchgestreckt, die geschlossenen Fingerspitzen zeigen dabei nach unten, das Handgelenk zieht den Arm aus der Schulter.

In der Ausgangsstellung zeigt der rechte »Peitschenarm« nach vorn und steht über dem belasteten Bein. Der linke »Peitschenarm«, der zu dem unbelasteten hinteren Bein gehört, steht über diesem und zeigt schräg nach hinten.

22 Die Peitsche gleichmäßig weiterdrehen

(Übung ohne geführten Atem)

Die »Peitsche« ist eine Position aus der Taiji-Form.

Grundstellung

Der Übende steht in der Taiji-Vorwärtsstellung. Dabei steht der rechte belastete Fuß vorn, die Zehen sind gerade nach vorn gerichtet. Der linke unbelastete Fuß steht dahinter und ist ca. 45° ausgedreht, der seitliche Abstand zwischen den Füßen ist schulterbreit.

Beide Arme bilden die aus dem Taiji bekannten »Peitschenarme«, aber beide Hände als Hakenhand. Die Spitzen der Finger berühren die Daumenspitze, die Hände knicken in den Handgelenken stark ab. Die Arme werden beinahe gestreckt, die geschlossenen Fingerspitzen zeigen dabei nach unten.

In der Ausgangsstellung zeigt der rechte »Peitschenarm« nach vorn und steht über dem belasteten Bein. Der linke »Peitschenarm«, der zu dem unbelasteten hinteren Bein gehört, steht über diesem und zeigt schräg nach hinten.

Ausführung

Die Füße wechseln ihre Position im Sprung, sodass die Ausgangsposition am Ende umgekehrt eingenommen wird. Die Arme gehen mit, wechseln also gleichfalls schwungvoll ihre Position.

Dann wechseln Arme und Füße im Sprung wieder in die Ausgangsposition zurück. Die Ausrichtung der Arme bleibt dabei waagrecht, sie drehen wie ein horizontal liegendes Rad und verändern ihre grundsätzliche Position zueinander nicht.

Die Füße stehen die ganze Zeit auf den Zehen, dabei sind die Fersen möglichst hoch gehoben. Zwischen den Sprüngen gibt es keine Zäsur, es soll fließend gesprungen werden.

In einem Durchgang wird nach zwei Sprüngen die Ausgangszigmal durchgeführt werden.

Ausführung

Die Füße wechseln ihre Position im Sprung, sodass die Ausgangsposition am Ende umgekehrt eingenommen wird. Die Arme gehen mit, wechseln also gleichfalls schwungvoll ihre Position.

Dann wechseln Arme und Füße im Sprung wieder zurück in die Ausgangsposition. Die Ausrichtung der Arme bleibt dabei waagrecht, sie drehen wie ein horizontal liegendes Rad und verändern ihre grundsätzliche Position zueinander nicht.

Die Füße stehen die ganze Zeit auf den Zehen, dabei sind die Fersen nicht sehr hoch gehoben. Zwischen den Sprüngen gibt es keine Zäsur, es soll fließend gesprungen werden.

position wieder erreicht. Die Übung kann zehn- bis zwan-

23 Die goldenen Blüten fallen sacht

(Übung ohne geführten Atem)

Grundstellung

Der Übende steht auf dem rechten Bein. Dieses wippt im
Rhythmus der Bewegungen auf und ab.

Ausführung

Das linke Bein tritt locker und geführt dreimal nach vorn
und wird dann neben dem Standbein aufgesetzt. Mit jedem Tritt schwingen beide Arme in den Schultergelenken
und Ellenbogengelenken locker neben dem Körper in
gleichmäßigen Bewegungen hin und her. Dann tritt das
rechte Bein dreimal locker und geführt nach vorn und setzt
dann wieder neben dem Standbein auf. Die Tritt- und Armbewegung wird also im Wechsel ausgeführt.

23 Die goldenen Blüten fallen sacht
(Übung ohne geführten Atem)

Grundstellung

Der Übende steht auf dem rechten Bein. Dieses wippt im
Rhythmus der Bewegungen auf und ab

Ausführung

Das linke Bein tritt locker und geführt dreimal nach vorn
und wird dann neben dem Standbein aufgesetzt. Mit jedem Tritt schwingen beide Arme in den Schultergelenken
und Ellenbogengelenken locker neben dem Körper in
gleichmäßigen Bewegungen hin und her. Dann tritt das
rechte Bein dreimal locker und geführt nach vorn und setzt
dann wieder neben dem Standbein auf. Die Tritt- und Armbewegung wird also im Wechsel ausgeführt.

 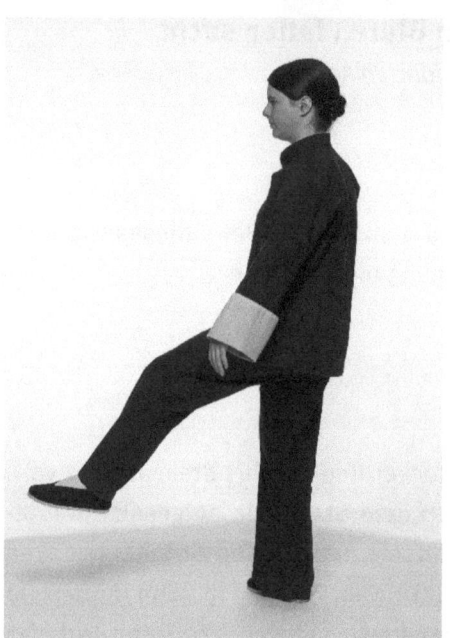

> **Wichtig:** Beim Treten der Beine und Schwingen der Arme ist darauf zu achten, dass keine »schnickenden« oder zu stark schüttelnden Bewegungen ausgeführt werden, sondern die Bewegungen zwar wippend und schwingend sind, aber dennoch sanft geführt werden.

Koordination

Die Arme schwingen gleichmäßig vor und zurück. Mit jedem Schwung wird ein Tritt nach vorn ausgeführt, d. h., Arme schwingen vor – Kick, Arme schwingen zurück – Kick, Arme schwingen vor – Kick, Arme schwingen zurück – Wechsel des Standbeins, Arme schwingen vor – Kick usw. Die Koordination dieses Bewegungsablaufs verlangt einige Übung. Man sollte sich am Anfang nicht entmutigen lassen, mit zunehmender Praxis stellt sich die Koordination von selbst ein.

Die Übung kann zehn-

Wichtig: Beim Treten der Beine und Schwingen der Arme ist darauf zu achten, dass keine »schnickenden« oder zu stark schüttelnden Bewegungen ausgeführt werden, sondern die Bewegungen zwar wippend und schwingend sind, aber dennoch sanft geführt werden.

Koordination

Die Arme schwingen gleichmäßig vor und zurück. Mit jedem Schwung wird ein Tritt nach vorn ausgeführt, d. h., Arme schwingen vor – Kick, Arme schwingen zurück – Kick, Arme schwingen vor – Kick, Arme schwingen zurück – Wechsel des Standbeins, Arme schwingen vor – Kick usw. Die Koordination dieses Bewegungsablaufs verlangt einige Übung. Man sollte sich am Anfang nicht entmutigen lassen, mit zunehmender Praxis stellt sich die Koordination von selbst ein.

bis zwanzigmal ausgeführt werden.

24 Die Augen schließen und den Geist verjüngen

(Übung ohne geführten Atem)

Stellung

Der Übende steht so, wie es für ihn bequem ist, mit locker gestreckten Beinen.

Die Hände liegen mit den Handflächen nach oben (»Yang-Hände«) so übereinander, dass die Finger sich kreuzen. Die Daumenspitzen berühren sich.

Die Spitzen der Ringfinger berühren das Zentrum. Dabei sind die Arme »rund«.

Dann werden die Augen geschlossen, und der Übende verharrt einige Minuten in dieser Position. Der Atem geht ruhig und spontan.

Am Ende der Übung werden die Augen langsam geöffnet

24 Die Augen schließen und den Geist verjüngen
(Übung ohne geführten Atem)

Stellung

Der Übende steht so, wie es für ihn bequem ist, mit locker gestreckten oder leicht gebeugten Beinen.

Die Hände liegen mit den Handflächen nach oben (»Yang-Hände«) so übereinander, dass die Finger sich kreuzen. Die Daumenspitzen berühren sich.

Die Ringfinger berühren das Zentrum. Dabei hängen die Arme locker an den Seiten.

Dann werden die Augen geschlossen, und der Übende verharrt einige Minuten in dieser Position. Der Atem geht ruhig und spontan.

und die Hände auseinandergenommen.

ANHANG

ANMERKUNGEN

1 »Seele« und »Geist« werden hier synonym verstanden; nach Pierre Teilhard de Chardin führt eine gesteigerte Verdichtung des Geistigen (das aller Materie innewohne) zur Bildung der Seele.

2 Im englischen Original wird hier von *BodyMind* gesprochen; Ich verwende hier entsprechend den Begriff Körper/Geist statt »Geistkörper«, wie er in der deutschen Übersetzung des Buches steht.

3 Robert O. Becker (1923–2008), Orthopäde und Chirurg, war ein Experte in der Wund- und Knochenheilung. Sein besonderes Interesse galt schwer heilenden Knochenbrüchen. Becker gelang es, Knochenbrüche mit künstlich angelegtem Strom schneller heilen zu lassen. Er stellte in seinen Versuchen fest, dass die innere Elektrizität – als Steuerungsfaktor – die ausschlaggebende Rolle bei jeder Art von Heilungsprozessen spielt. Er entwickelte spezielle Geräte, die es ihm ermöglichten, die körpereigenen Ströme künstlich nachzubilden. Durch diese Ströme werden die regenerativen Kräfte der einzelnen Zellen und des Immunsystems »angestartet« bzw. verstärkt. Durch das Anlegen der künstlichen Energiefelder gelang es ihm, eine Regenerierung in Gang zu setzen, wie sie bei den Betroffenen in der Regel kaum möglich ist. Diese Ströme sind darüber hinaus verantwortlich für die Hirnaktivität, den Wachheitsgrad und die aktuelle Aktivität des Nervensystems (Entspannung – Anspannung).

4 Yoga wird hier nicht berücksichtigt, da nur chinesische Methoden betrachtet werden.

5 Das tradierte westliche Denken verabsolutiert die geistige und die körperliche Erfahrungswelt, anstatt beide in jedem Moment aufeinander bezogen bzw. ineinander verschränkt zu denken. Helmuth Plessner (1892–1985), ein Hauptvertreter der Philosophischen Anthropologie, begegnet diesem Problem, indem er konsequent die doppelte Perspektive der Verschränktheit beibehält. Seine auf biologischen Tatsachen aufbauende Philosophie wiederholt beständig die Einsicht in die paradoxe Grundverfasstheit menschlichen Selbst- und Welt-Erlebens: dass der Mensch eben zugleich sein Körper/seine physische Existenz *ist* und diese *hat*, dass er zugleich um sich als Geistwesen und als Körperding weiß.

6 Dieses wichtige Standardwerk beschreibt die Qigong-Praxis in den chinesischen Sanatorien in den 1950er-Jahren bis zum Beginn der sogenannten Kulturrevolution 1966.

7 In den chinesischen Kampfkünsten, die ja auch in »äußere« und »innere« unterschieden werden, ist die Lage noch komplizierter, weil dort noch die Frage eine Rolle spielt, ob ein Stil innerhalb einer Familie oder außerhalb, in der Öffentlichkeit, entstand bzw. weitergegeben wurde.

8 Nicht übersehen werden darf, dass sich die Arbeit mit Qigong in China weiterhin im politischen Raum vollzieht. Das zeigen die Beispiele Kranich-Qigong und Falun Gong. Kranich-Qigong wurde gegen Ende der 80er-Jahre so modifiziert, dass keine spontanen Bewegungen mehr entstanden (Olvedi 2004, S. 304), und Falun Gong, bei seiner Entstehung 1992 zunächst von offizieller Seite als Beitrag zur Volksgesundheit begrüßt, wurde 1999 verboten, als die Bewegung politische Wirkung zu zeigen begann, ihre Anhänger wurden und werden verfolgt. Unabhängig von der Frage, ob Falun Gong eine »aggressive Sekte oder eine normale religiöse Bewegung« sei, wie eine Schweizer Tageszeitung schreibt (NZZ, 5.7.2001), wird weltweit gegen die Verfolgung protestiert.

9 Shen ist, anders als der Geist in Teilen der westlichen Philosophie, kein außerhalb des Körpers existierendes Seiendes, sondern eine Substanz des Körpers selbst. Sein Ursprung ist zwar der Himmel, aber er verbindet sich essenziell mit den Organen des Körpers, die so »beseelt« werden. »Die orientalische energetische Physiologie besagt, dass jede Organfunktion einen bestimmten Charakter oder Geist aufweist ...« (Seem 1994, S. 61)

10 Im Westen gilt ein Mensch ebenfalls als «kultivierte» Person, wenn Körperlichkeit, Emotionalität und Geist im Gleichgewicht sind.

11 Die Grenzen zwischen »real« und »symbolisch« sind fließend. Ob und wie der Himmlische Kreislauf in der Meditation tatsächlich verwirklicht wird, ist in den einzelnen Schulen umstritten, und wie »real« der Qi-Kreislauf z. B. im Taijquan ist, der zwar in seiner Wirkung beim Einsatz der inneren Energie Jin vorhanden ist, aber nicht »real« im Körper gespürt zu werden braucht, ist ebenfalls strittig.

12 »Der Atem ist eine Quelle des Qi (und ›Atem‹ ist eine der Bedeutungen des Begriffs Qi), aber nach dem Verständnis des Qi Gong ist es nicht das ›wahre‹ Qi selbst. ... Einfachere Formen des Qi Gong nehmen in größerem Maß den Atem zu Hilfe als die höheren Formen.« (Olvedi 2004, S. 141) Das Zeichen »Qi« hat viele Bedeutungen, sodass häufig nicht klar ist, ob in chinesischen Texten »Energie« oder »Atem« gemeint ist. Hilfreich scheint folgende Feststellung: »Bei unserer Geburt atmen wir ein, und wenn wir sterben, atmen wir aus. Der Atem ist also die sichtbare Form des Qi, die in stiller Form das Leben erhält. Ohne das Qi gibt es keinen Atem, und ohne Atem würde das Qi zusammenbrechen. Deshalb herrscht hier eine wechselseitige Abhängigkeit.« (Lade 2004, S. 204) Die Frage, wie das Zeichen »Qi« in chinesischen Texten zu interpretieren ist, kann nur in Bezug auf die jeweilige Praxis gelöst werden.

13 »Yi« bezeichnet das *Mentale* – Vorstellungen, Gedanken, Intentionen, auch im Sinne von mentaler Steuerung oder geistiger Führung. Yi *führt* die Bewegungen des Qi. Ist damit ein *Spüren* oder *Sich-Einfühlen* in körperliche Vorgänge oder Abläufe gemeint, scheint die Übersetzung »Vorstellungskraft« adäquat, sollen aber Bewegungen vor ihrer Ausführung bereits in der geistigen Vorstellung *vorweggenommen* werden, wäre »Intentionalität« eine passende Übersetzung für »Yi«.

14 Der Autor Lu K'uan-Yü zitiert hier einen Erfahrungsbericht vom Anfang des 20. Jahrhunderts. Was hier »Bauchatmung« genannt wird, ist eine Zwerchfellatmung (im Unterschied zur Brustatmung oder Rippenatmung). Bei der Bauch- oder Zwerchfellatmung wird aber keineswegs das Zwerchfell durch die Lunge abwärts gedrückt – sondern umgekehrt: Das Zwerchfell kontrahiert sich, entfaltet die Lunge nach unten und drückt dabei gleichzeitig die Bauchorgane nach unten. Die Ausatmung ist richtig beschrieben: Hier sind die Bauchmuskeln aktiv.

15 Wer sich bewegt, sollte auf das Konzept des Embryonalatems verzichten, will er Verwirrung vermeiden. Für einen daoistisch Meditierenden ist der innere Atem ein sinnvoller, weil realisierbarer Weg. In Kapitel 3 werden die Unterschiede mithilfe der Unterscheidung von Ruheatmung und Leistungsatmung deutlicher werden.

16 Diese Einstellung scheint die in China vorherrschende zu sein. Der Schüler lernt von seinem Lehrer – sei es Qigong oder Taijiquan – durch Nachahmung; kaum etwas wird erklärt. Der Lehrer erwartet, dass der Schüler alles, so gut er es vermag, umsetzt; kann er es aber nicht lernen, ist er eben unbegabt. Chinesische Meister sind in den seltensten Fällen Pädagogen im westlichen Sinn. Mein langjähriger Lehrer, Meister K. H. Chu, sagte, wenn die Rede auf die Lernschwierigkeiten eines Schülers kam: »*he/she cannot learn.*« In eine ähnliche Richtung geht die Aussage eines Qigong-Meisters über die Möglichkeit, in China notwendige therapeutische Hilfe bei der Unterstützung der Atmung zu finden: »In China ist es so: Wer die Übungen machen kann, macht sie; wer sie nicht machen kann, lässt sie.« (Olvedi 2004, S. 307)

17 Taiji-Meister des 19. und der ersten Hälfte des 20. Jahrhunderts konnten mit einer einzigen Berührung einen Angreifer so »entwurzeln«, dass er buchstäblich den Boden unter den Füßen verlor und meterweit zurückflog. Dieses spezielle Jin der alten Meister war seit jeher das Kriterium, welches das »innere« Taijiquan vom »äußeren« unterschied. Heute ist es nur selten zu finden. Vgl. Anders 2004 sowie Anders 2008 (DVD).

18 Der Carpenter-Effekt bezeichnet das Phänomen, dass das Sehen einer Bewegung – sowie in schwächerem Maße das Denken an eine bestimmte Bewegung – die Tendenz zur Ausführung eben dieser Bewegung auslöst. Neuere Untersuchungen mit elektrophysiologischen Methoden bestätigen diese physio-psychologische Gesetzmäßigkeit. Dabei ist der Carpenter-Effekt nur ein Aspekt des sogenannten ideomotorischen Prinzips. Darunter sind solche unwillkür-

lichen (psychomotorischen) Bewegungen und Handlungen zu verstehen, die entweder durch Beobachtung oder auch durch bloße Vorstellung von Bewegungsmustern ausgelöst werden. Im Sport wird das im mentalen Training praktiziert: Im Geist geht man die Bewegungsabläufe des Wettkampfs durch, um sie real effektiver ausführen zu können. In der modernen »Körperarbeit« wie Feldenkrais, Ideokinese und Alexandertechnik kommt das Prinzip ebenfalls zum Tragen.

19 Sanguinisch, melancholisch, cholerisch und phlegmatisch entsprechend den vorherrschenden »Humoren« des Körpers: rotes Blut, schwarze Galle, gelbe Galle und Schleim.

20 Kretschmer führte mit seiner Konstitutionstypologie die Unterscheidung zwischen den Typen des Leptosomen, des Pyknikers und des Athletikers ein, von denen jeder ein anderes Persönlichkeitsbild aufweist.

21 Der runde, weiche »esomorphische«, der kräftige, muskulöse »mesomorphische« und der flachbrüstige, zarte »ektomorphische« Körpertyp

22 »Abschließend sei das große Verdienst von Erich Wilk noch einmal ganz besonders herausgestrichen. Er war ein hochbegabter Geiger, der seinen Entdeckungen seine Karriere geopfert hat. Der Dank seiner Mitmenschen war Ablehnung und Feindschaft. In zahlreichen Prozessen wurde versucht, ihn als Scharlatan zu entlarven. Er gewann alle Prozesse, doch innerlich zerbrach er daran. So ist es nicht verwunderlich, dass er zuletzt äußerst zurückgezogen und verbittert in der Einsamkeit lebte. Inzwischen ist er leider verstorben. Er hätte Besseres verdient.« (Christian Hagena 2000)

23 Aus Gründen der besseren Lesbarkeit wurde im ganzen Text auf die gesonderte Nennung der weiblichen Form verzichtet. Einatmerinnen und Ausatmerinnen sind hier natürlich auch angesprochen.

24 Aus *Ter*ra, *Lu*na, *Sol* zusammengesetzt

25 FriederAnders:AtemtypQigong® und FriederAnders:AtemtypTaiji® in der Taiji Akademie, Frankfurt a. Main (www.taiji-anders.de)

26 Die in diesem Buch gezeigten daoistischen Übungen stammen von Meister Chu und wurden von ihm im Lauf der Jahre permanent verfeinert – aber natürlich passend für seinen eigenen (Einatmer-)Typ. In diesem Buch werden die Übungen nach Meister Chu und dazu ihre Ausatmervariante vorgestellt, die dank der Anregung und Arbeit der (solaren) Co-Autorin Judith Hechler hier hinzugefügt werden können.

27 Anders, 2009

28 Die Benennung der Richtungen der Beckenkippung ist unterschiedlich. Hier bedeutet »nach hinten« eine Bewegung, die zu einer Reduktion der physiologischen Lendenlordose, des »Hohlkreuzes«, führt. »Nach vorn« kippen bewirkt das Gegenteil, eine Hyperlordose (starkes Hohlkreuz) der Lendenwirbelsäule.

29 Gemeint ist der Übergang von der Ferse zum Mittelfuß.

30 Prägnanztyp ist nicht identisch mit Atemtyp: Atmet ein Einatmer z. B. durch jahrelanges Üben im Fitnessstudio, in dem der Standard »Kraft gewinnt man beim Ausatmen« gilt, entgegen seinem Atemtyp, so kann er den Prägnanztyp des Ausatmers entwickeln. Dabei kann er aber den atemtypgerechten Habitus seines Körpers und damit den Zugang zu seiner inneren Kraft verfehlen.

31 Leistungsatmung ist nicht »Sportleratmung«. Ist der Körper im Laufe der Übungsjahre mit AtemtypQigong oder AtemtypTaiji trainiert und fallen ihm die Bewegungen nun leicht, wird auch der Atem leichter, bleibt aber definitionsgemäß Leistungsatmung, weil der Körper eine Leistung vollbringt, nämlich Entwicklung und Einsatz von Jin-Kraft. Dies ist durchaus vergleichbar mit der Leistung eines Opernsängers, deren Ergebnis, die schönen Töne, nichts von der Anstrengung merken lassen dürfen, mit der sie erzeugt wurden; anders als der Leistungssportler, der mit seiner Sportleratmung meistens nicht ohne Keuchen auskommt. In der Terlusollogie ist die Einschätzung von Ruheatmung und Leistungsatmung von der hier vertretenen Auffassung verschieden: Dort gilt es auch, in der Ruheatmung des Schlafs die atemtypspezifischen Unterschiede zu berücksichtigen (vgl. Vorwort), während hier die Leistungsatmung allein in Bezug zur Jin-Kraft betrachtet wird.

32 Ruht der Körper auf einem Fuß, dann ist mit »Ferse« immer der Absatz, anatomisch »Rückfuß«, gemeint. Wird beim Lunaren das Gewicht verlagert, befindet sich der Körper also in Bewegung, dann verläuft diese über das Fersenbein, den hintersten Punkt der Ferse. Auf dem Fersenbein eine ruhende Position aufzubauen wäre falsch.

33 Der Ruhepunkt im Fuß ist beim Solaren der sogenannte Balkon, anatomisch der Übergang von der Ferse zum Mittelfuß. Beim Beugen verlagert sich das Gewicht auf den Fußballen.

34 Hier kann man gern »außer Atem« kommen, weil diese Übungen am »sportlichsten« sind.

35 Dazu eignen sich die Grundpositionen auf S. 30 (lunar) und S. 31 (solar).

36 Auch das Einziehen des Unterbauches in der umgekehrten Atmung, das sich bei den Lunaren nach einiger Übung abzeichnen kann, soll nicht den Oberbauch, also den Bereich des Magens, verengen!

37 Die Übungsbeschreibungen sind so verfasst, dass man jeweils nur eine Version lesen muss, d. h., die Einatmer/Lunaren (☽) lesen und üben nach der Beschreibung auf der linken Seite und die Ausatmer/Solaren (✳) nach der Beschreibung auf der rechten Seite.

38 Test entgegen dem Atemtyp: Interessant ist es, wenn der Lunare die solare und der Solare die lunare Stellung testet. Meist ist der Unterschied frappierend; und wenn nicht, dann ist doch klar zu spüren, dass die Haltung, die dem eigenen Atemtyp entspricht, die stärkere ist.

39 Die angestaute Luft wird mit einem Explosivlaut der Lippen »entlassen«. Es ist unbedingt darauf zu achten, dass das Ausatmen danach sanft geschieht, dass also die Heftigkeit des Explosivlautes auf den ersten Moment beschränkt bleibt, in dem die Lippen geöffnet werden, und nicht den gesamten Ausatmungsvorgang prägt.

Berechnungstabellen zum Atemtyp

Wenn Sie selbst Ihren Atemtyp herausfinden möchten, können Sie in den nachfolgenden Tabellen unter Ihrem Geburtsdatum nachschlagen.

Die Tabellen wurden von Bert Aufdemkamp neu berechnet und beziehen sich auf die nördliche Hemisphäre, Zeitzone MEZ, Uhrzeit 12:00 Uhr (ohne Sommerzeit).

Anwendung: Man suche das Geburtsjahr und die Zeile für den Geburtsmonat. Die Spalte, in der der Geburtstag in einem Intervall enthalten oder explizit angegeben ist, gibt einen Hinweis auf den Atemtyp der Person. Es gilt: Lu = Lunar (Einatmer), So = Solar (Ausatmer), ? = Fragezeichen (Der Atemtyp ist nicht eindeutig berechenbar, eine individuelle Typenbestimmung ist unbedingt erforderlich).

Achtung: Den Tabellen liegen vereinfachte Konstellationen zugrunde. Deshalb muss der herausgefundene Atemtyp durch einen erfahrenen Terlusollogen® oder eine andere erfahrene Person verifiziert werden.

Die Verwendung der Tabellen geschieht auf eigene Gefahr. Diese Tabellen erlauben ein schnelles Nachsehen, sie sind allerdings ungenau und erheben keinen Anspruch auf völlige Korrektheit der Ergebnisse.

November 2008   *Bert Aufdemkamp*

Jahre: 1904, 1923, 1942, 1961, 1980, 1999 ...
und alle vergangenen und folgenden 19 Jahre

Januar	1-14, 21-31 = Lu	17, 18 = So	15, 16, 19, 20 ?
Februar	1-10, 22-29 = Lu	13-19 = So	11, 12, 20, 21 ?
März	1-9, 26-31 = Lu	12-23 = So	10, 11, 24, 25 ?
April	1-5, 27-30 = Lu	8-24 = So	6, 7, 25, 26 ?
Mai	1, 2, 28, 29 = Lu	5-25 = So	3, 4, 26, 27, 30, 31 ?
Juni		1-26, 30 = So	27-29 ?
Juli	26-29 = Lu	1-23 = So	24, 25, 30, 31 ?
August	22-30 = Lu	1-19 = So	20, 21, 31 ?
September	19-30 = Lu	2-16 = So	1, 17, 18 ?
Oktober	1, 16-31 = Lu	4-13 = So	2, 3, 14, 15 ?
November	1, 2, 12-30 = Lu	5-9 = So	3, 4, 10, 11 ?
Dezember	1-4, 9-31 = Lu		5-8 ?

Jahre: 1905, 1924, 1943, 1962, 1981, 2000 ...
und alle vergangenen und folgenden 19 Jahre

Januar	1-3, 8-30 = Lu		4-7, 31 ?
Februar	10-27 = Lu	2-6 = So	1, 7-9, 28 ?
März	14-26 = Lu	2-11, 29-31 = So	1, 12, 13, 27, 28 ?
April	15-23 = Lu	1-12, 25-30 = So	13, 14, 24 ?
Mai	17-20 = Lu	1-14, 23-31 = So	15, 16, 21, 22 ?
Juni		1-15, 19-30 = So	16-18 ?
Juli	16, 17 = Lu	1-13, 20-31 = So	14, 15, 18, 19 ?
August	12-18 = Lu	1-9, 21-31 = So	10, 11, 19, 20 ?
September	9-19 = Lu	1-6, 22-30 = So	7, 8, 20, 21 ?
Oktober	6-21 = Lu	1-3, 25-31 = So	4, 5, 22-24 ?
November	2-22, 30 = Lu	26, 27 = So	1, 23-25, 28, 29 ?
Dezember	1-24, 28-31 = Lu		25-27 ?

Jahre: 1906, 1925, 1944, 1963, 1982, 2001 ...
und alle vergangenen und folgenden 19 Jahre

Januar	1-21, 29-31 = Lu	23-26 = So	22, 27, 28 ?
Februar	1-17 = Lu	20-27 = So	18, 19, 28 ?
März	2-16 = Lu	19-31 = So	1, 17, 18 ?
April	4-13 = Lu	16-30 = So	1-3, 14, 15 ?
Mai	6-10 = Lu	1-3, 13-31 = So	4, 5, 11, 12 ?
Juni		1-4, 9-30 = So	5-8 ?
Juli		1-3, 9-31 = So	4-8 ?
August	2-6, 30, 31 = Lu	10-27 = So	1, 7-9, 28, 29 ?
September	1-8, 26-30 = Lu	11-23 = So	9, 10, 24, 25 ?
Oktober	1-10, 24-31 = Lu	13-21 = So	11, 12, 22, 23 ?
November	1-11, 20-30 = Lu	14-17 = So	12, 13, 18, 19 ?
Dezember	1-13, 17-31 = Lu		14-16 ?

Jahre: 1907, 1926, 1945, 1964, 1983, 2002 ...
und alle vergangenen und folgenden 19 Jahre

Januar	1-11, 17-31 = Lu	14 = So	12, 13, 15, 16 ?
Februar	1-7, 19-28 = Lu	10-15 = So	8, 9, 16-18 ?
März	1-7, 23-31 = Lu	9-20 = So	8, 21, 22 ?
April	1-3, 24-30 = Lu	6-21 = So	4, 5, 22, 23 ?
Mai	26-28 = Lu	3-23, 30, 31 = So	1, 2, 24, 25, 29 ?
Juni		1-24, 27-30 = So	25, 26 ?
Juli	24-26 = Lu	1-21, 29-31 = So	22, 23, 27, 28 ?
August	20-27 = Lu	1-17, 30, 31 = So	18, 19, 28, 29 ?
September	16-28 = Lu	1-14 = So	15, 29, 30 ?
Oktober	14-30 = Lu	2-11 = So	1, 12,13, 31 ?
November	10-30 = Lu	3-7 = So	1, 2, 8, 9 ?
Dezember	1, 2, 8-31 = Lu	5 = So	3, 4, 6, 7 ?

Jahre: 1908, 1927, 1946, 1965, 1984, 2003 ...
und alle vergangenen und folgenden 19 Jahre

Januar	1, 6-28 = Lu	31 = So	2-5, 29, 30 ?
Februar	7-25 = Lu	1-4, 28,29 = So	5, 6, 26, 27 ?
März	10-23 = Lu	1-7, 26-31 = So	8, 9, 24, 25 ?
April	12-20 = Lu	1-8, 22-30 = So	9-11, 21 ?
Mai	14-17 = Lu	1-11, 20-31 = So	12, 13, 18, 19 ?
Juni		1-12, 16-30 = So	13-15 ?
Juli	13, 14 = Lu	1-10, 17-31 = So	11, 12, 15, 16 ?
August	9-15 = Lu	1-6, 18-31 = So	7, 8, 16, 17 ?
September	6-16 = Lu	1-3, 19-30 = So	4, 5, 17,18 ?
Oktober	3-18, 30, 31 = Lu	21-28 = So	1, 2, 19, 20, 29 ?
November	1-19, 27-30 = Lu	22-24 = So	20, 21, 25, 26 ?
Dezember	1-21, 25-31 = Lu		22-24 ?

Jahre: 1909, 1928, 1947, 1966, 1985, 2004 ...
und alle vergangenen und folgenden 19 Jahre

Januar	1-18, 26-31 = Lu	21-23 = So	19, 20, 24, 25 ?
Februar	1-14, 27, 28 = Lu	17-24 = So	15, 16, 25, 26 ?
März	1-13, 31 = Lu	16-28 = So	14, 15, 29, 30 ?
April	1-10 = Lu	12-29 = So	11, 30 ?
Mai	2-7 = Lu	10-31 = So	1, 8, 9 ?
Juni	4 = Lu	6-30 = So	1-3, 5 ?
Juli	31 = Lu	1, 6-28 = So	2-5, 29, 30 ?
August	1-3, 27-31 = Lu	6-24 = So	4, 5, 25, 26 ?
September	1-4, 23-30 = Lu	7-20 = So	5, 6, 21, 22 ?
Oktober	1-6, 20-31 = Lu	9-18 = So	7, 8, 19 ?
November	1-7, 17-30 = Lu	11-14 = So	8-10, 15, 16 ?
Dezember	1-10, 14-31 = Lu		11-13 ?

Jahre: 1910, 1929, 1948, 1967, 1986, 2005 ...
und alle vergangenen und folgenden 19 Jahre

Januar	1-8, 14-31 = Lu	11 = So	9, 10, 12, 13 ?
Februar	1-4, 15-28 = Lu	7-12 = So	5, 6, 13, 14 ?
März	1-3, 19-31 = Lu	6-16 = So	4, 5, 17, 18 ?
April	21-27 = Lu	3-17, 30 = So	1, 2, 18-20, 28, 29 ?
Mai	23-25 = Lu	1-20, 27-31 = So	21, 22, 26 ?
Juni		1-21, 24-30 = So	22, 23 ?
Juli	21-23 = Lu	1-18, 26-31 = So	19, 20, 24, 25 ?
August	17-24 = Lu	1-14, 27-31 = So	15, 16, 25, 26 ?
September	13-25 = Lu	1-10, 28-30 = So	11, 12, 26, 27 ?
Oktober	11-27 = Lu	1-8, 30, 31 = So	9, 10, 28, 29 ?
November	7-28 = Lu	1-4 = So	5, 6, 29, 30 ?
Dezember	4-29 = Lu	1, 2 = So	3, 30, 31 ?

Jahre: 1911, 1930, 1949, 1968, 1987, 2006 ...
und alle vergangenen und folgenden 19 Jahre

Januar	3-25 = Lu	28-31 = So	1, 2, 26, 27 ?
Februar	4-22 = Lu	1, 25-28 = So	2, 3, 23, 24 ?
März	8-21 = Lu	1-5, 24-31 = So	6, 7, 22, 23 ?
April	9-17 = Lu	1-6, 20-30 = So	7, 8, 18, 19 ?
Mai	11-14 = Lu	1-8, 17-31 = So	9, 10, 15, 16 ?
Juni		1-9, 14-30 = So	10-13 ?
Juli	11 = Lu	1-8, 14-31 = So	9, 10, 12, 13 ?
August	7-12 = Lu	1-4, 15-31 = So	5, 6, 13, 14 ?
September	4-13 = Lu	1, 16-28 = So	2, 3, 14, 15, 29, 30 ?
Oktober	1-15, 28-31 = Lu	18-25 = So	16, 17, 26, 27 ?
November	1-16, 24-30 = Lu	19-21 = So	17, 18, 22, 23 ?
Dezember	1-18, 22-31 = Lu		19-21 ?

Jahre: 1912, 1931, 1950, 1969, 1988, 2007 ...
und alle vergangenen und folgenden 19 Jahre

Januar	1-15, 23-31 = Lu	18-20 = So	16, 17, 21, 22 ?
Februar	1-12, 24-29 = Lu	15-21 = So	13, 14, 22, 23 ?
März	1-10, 27-31 = Lu	13-24 = So	11, 12, 25, 26 ?
April	1-6, 28-30 = Lu	9-25 = So	7, 8, 26, 27 ?
Mai	1-4, 30, 31 = Lu	6-27 = So	5, 28, 29 ?
Juni		3-27 = So	1, 2, 28-30 ?
Juli	27-30 = Lu	1-25 = So	26, 31 ?
August	24-31 = Lu	3-21 = So	1, 2, 22, 23 ?
September	1, 20-30 = Lu	4-17 = So	2, 3, 18, 19 ?
Oktober	1-3, 17-31 = Lu	6-14 = So	4, 5, 15, 16 ?
November	1-4, 13-30 = Lu	7-11 = So	5, 6, 12 ?
Dezember	1-6, 11-31 = Lu		7-10 ?

Jahre: 1913, 1932, 1951, 1970, 1989, 2008 ...
und alle vergangenen und folgenden 19 Jahre

Januar	1-4, 10-31 = Lu	7 = So	5, 6, 8, 9 ?
Februar	1, 11-28 = Lu	4-8 = So	2, 3, 9, 10 ?
März	16-28 = Lu	3-13, 31 = So	1, 2, 14, 15, 29, 30 ?
April	17-24 = Lu	1-14, 27-30 = So	15, 16, 25, 26 ?
Mai	19-21 = Lu	1-16, 24-31 = So	17, 18, 22, 23 ?
Juni		1-17, 20-30 = So	18, 19 ?
Juli	17-19 = Lu	1-15, 22-31 = So	16, 20, 21 ?
August	14-20 = Lu	1-11, 23-31 = So	12, 13, 21, 22 ?
September	10-21 = Lu	1-7, 24-30 = So	8, 9, 22, 23 ?
Oktober	7-23 = Lu	1-5, 26-31 = So	6, 24, 25 ?
November	4-24 = Lu	1, 27, 28 = So	2, 3, 25, 26, 29, 30 ?
Dezember	1-25, 29-31 = Lu		26-28 ?

Jahre: 1914, 1933, 1952, 1971, 1990, 2009 ...
und alle vergangenen und folgenden 19 Jahre

Januar	1-22, 31 = Lu	25-27 = So	23, 24, 28-30 ?
Februar	1-18 = Lu	21-28 = So	19, 20 ?
März	4-18 = Lu	1, 21-31 = So	2, 3, 19, 20 ?
April	5-14 = Lu	1, 2, 17-30 = So	3, 4, 15, 16 ?
Mai	7-11 = Lu	1-4, 14-31 = So	5, 6, 12, 13 ?
Juni		1-5, 10-30 = So	6-9 ?
Juli	7 = Lu	1-5, 10-31 = So	6, 8, 9 ?
August	4-8, 31 = Lu	1, 11-28 = So	2, 3, 9, 10, 29, 30 ?
September	1-9, 28-30 = Lu	13-25 = So	10-12, 26, 27 ?
Oktober	1-11, 25-31 = Lu	15-22 = So	12-14, 23, 24 ?
November	1-13, 21-30 = Lu	16-18 = So	14, 15, 19, 20 ?
Dezember	1-15, 19-31 = Lu		16-18 ?

Jahre: 1915, 1934, 1953, 1972, 1991, 2010 ...
und alle vergangenen und folgenden 19 Jahre

Januar	1-12, 19-31 = Lu	15, 16 = So	13, 14, 17, 18 ?
Februar	1-9, 20-28 = Lu	11-17 = So	10, 18, 19 ?
März	1-8, 25-31 = Lu	11-21 = So	9, 10, 22-24 ?
April	1-4, 26-30 = Lu	7-23 = So	5, 6, 24, 25 ?
Mai	1, 2, 28, 29 = Lu	5-25 = So	3, 4, 26, 27, 30, 31 ?
Juni		1-25, 29, 30 = So	26-28 ?
Juli	25-28 = Lu	1-22, 31 = So	23, 24, 29, 30 ?
August	21-29 = Lu	1-19 = So	20, 30, 31 ?
September	18-30 = Lu	1-15 = So	16, 17 ?
Oktober	15-31 = Lu	3-12 = So	1, 2, 13, 14 ?
November	1, 12-30 = Lu	4-9 = So	2, 3, 10, 11 ?
Dezember	1-3, 9-31 = Lu	6 = So	4, 5, 7, 8 ?

Jahre: 1916, 1935, 1954, 1973, 1992, 2011 ...
und alle vergangenen und folgenden 19 Jahre

Januar	1, 2, 8-30 = Lu		3-7, 31 ?
Februar	9-26 = Lu	1-6, 29 = So	7, 8, 27, 28 ?
März	12-25 = Lu	1-9, 27-31 = So	10, 11, 26 ?
April	13-21 = Lu	1-10, 24-30 = So	11, 12, 22, 23 ?
Mai	16-18 = Lu	1-12, 21-31 = So	13-15, 19, 20 ?
Juni		1-13, 17-30 = So	14-16 ?
Juli	14, 15 = Lu	1-12, 18-31 = So	13, 16, 17 ?
August	11-16 = Lu	1-8, 19-31 = So	9, 10, 17, 18 ?
September	7-17 = Lu	1-4, 21-30 = So	5, 6, 18-20 ?
Oktober	4-20 = Lu	1, 2, 23-29 = So	3, 21, 22, 30, 31 ?
November	1-21, 28-30 = Lu	24, 25 = So	22, 23, 26, 27 ?
Dezember	1-23, 26-31 = Lu		24, 25 ?

Jahre: 1917, 1936, 1955, 1974, 1993, 2012 ...
und alle vergangenen und folgenden 19 Jahre

Januar	1-19, 27-31 = Lu	22-24 = So	20, 21, 25, 26 ?
Februar	1-15 = Lu	18-25 = So	16, 17, 26-28 ?
März	1-15 = Lu	17-30 = So	16, 31 ?
April	2-11 = Lu	14-30 = So	1, 12, 13 ?
Mai	4-9 = Lu	1, 11-31 = So	2, 3, 10 ?
Juni	5 = Lu	1, 2, 8-30 = So	3, 4, 6, 7 ?
Juli		1, 2, 7-29 = So	3-6, 30, 31 ?
August	1-5, 28-31 = Lu	8-25 = So	6, 7, 26, 27 ?
September	1-6, 24-30 = Lu	9-22 = So	7, 8, 23 ?
Oktober	1-8, 22-31 = Lu	11-19 = So	9, 10, 20, 21 ?
November	1-9, 18-30 = Lu	12-16 = So	10, 11, 17 ?
Dezember	1-12, 16-31 = Lu		13-15 ?

Jahre: 1918, 1937, 1956, 1975, 1994, 2013 ...
und alle vergangenen und folgenden 19 Jahre

Januar	1-9, 16-31 = Lu	12, 13 = So	10, 11, 14, 15 ?
Februar	1-6, 17-28 = Lu	8-14 = So	7, 15, 16 ?
März	1-5, 21-31 = Lu	8-18 = So	6, 7, 19, 20 ?
April	1, 22-29 = Lu	4-19 = So	2, 3, 20, 21, 30 ?
Mai	25, 26 = Lu	1-21, 29-31 = So	22-24, 27, 28 ?
Juni		1-22, 26-30 = So	23-25 ?
Juli	22-24 = Lu	1-19, 28-31 = So	20, 21, 25-27 ?
August	18-25 = Lu	1-16, 28-31 = So	17, 26, 27 ?
September	15-26 = Lu	1-12, 29, 30 = So	13, 14, 27, 28 ?
Oktober	12-28 = Lu	1-9 = So	10, 11, 29-31 ?
November	8-30 = Lu	1-6 = So	7 ?
Dezember	6-31 = Lu	3 = So	1, 2, 4, 5 ?

Jahre: 1919, 1938, 1957, 1976, 1995, 2014 ...
und alle vergangenen und folgenden 19 Jahre

Januar	4-27 = Lu	30, 31 = So	1-3, 28, 29 ?
Februar	5-23 = Lu	1, 2, 26-28 = So	3, 4, 24, 25 ?
März	9-22 = Lu	1-6, 25-31 = So	7, 8, 23, 24 ?
April	11-19 = Lu	1-7, 21-30 = So	8-10, 20 ?
Mai	13-16 = Lu	1-10, 19-31 = So	11, 12, 17, 18 ?
Juni		1-11, 15-30 = So	12-14 ?
Juli	13 = Lu	1-10, 16-31 = So	11, 12, 14, 15 ?
August	9-14 = Lu	1-6, 17-31 = So	7, 8, 15, 16 ?
September	5-15 = Lu	1, 2, 18-29 = So	3, 4, 16, 17, 30 ?
Oktober	2-17, 29-31 = Lu	20-27 = So	1, 18,19, 28 ?
November	1-18, 26-30 = Lu	21-23 = So	19, 20, 24, 25 ?
Dezember	1-20, 24-31 = Lu		21-23 ?

Jahre: 1920, 1939, 1958, 1977, 1996, 2015 ...
und alle vergangenen und folgenden 19 Jahre

Januar	1-17, 25-31 = Lu	20-22 = So	18, 19, 23, 24 ?
Februar	1-13, 26-29 = Lu	16-23 = So	14, 15, 24, 25 ?
März	1-12, 29-31 = Lu	14-26 = So	13, 27, 28 ?
April	1-8, 30 = Lu	11-27 = So	9, 10, 28, 29 ?
Mai	1-5 = Lu	8-29 = So	6, 7, 30, 31 ?
Juni	1 = Lu	4-29 = So	2, 3, 30 ?
Juli	29-31 = Lu	3-26 = So	1, 2, 27, 28 ?
August	1, 25-31 = Lu	4-22 = So	2, 3, 23, 24 ?
September	1, 2, 21-30 = Lu	5-18 = So	3, 4, 19, 20 ?
Oktober	1-4, 19-31 = Lu	7-16 = So	5, 6, 17, 18 ?
November	1-5, 15-30 = Lu	8-12 = So	6, 7, 13, 14 ?
Dezember	1-7, 12-31 = Lu		8-11 ?

Jahre: 1921, 1940, 1959, 1978, 1997, 2016 ...
und alle vergangenen und folgenden 19 Jahre

Januar	1-6, 12-31 = Lu	9 = So	7, 8, 10, 11 ?
Februar	1, 2, 13-28 = Lu	5-10 = So	3, 4, 11, 12 ?
März	1, 2, 17-29 = Lu	5-14 = So	3, 4, 15, 16, 30, 31 ?
April	18-25 = Lu	1-15, 28-30 = So	16, 17, 26, 27 ?
Mai	20-22 = Lu	1-17, 25-31 = So	18, 19, 23, 24 ?
Juni		1-18, 22-30 = So	19-21 ?
Juli	19, 20 = Lu	1-16, 24-31 = So	17, 18, 21-23 ?
August	15-22 = Lu	1-12, 25-31 = So	13, 14, 23, 24 ?
September	12-23 = Lu	1-9, 26-30 = So	10, 11, 24, 25 ?
Oktober	9-25 = Lu	1-6, 28-31 = So	7, 8, 26, 27 ?
November	5-26 = Lu	1, 2, 29 = So	3, 4, 27, 28, 30 ?
Dezember	2-27, 31 = Lu		1, 28-30 ?

Jahre: 1922, 1941, 1960, 1979, 1998, 2017 ...
und alle vergangenen und folgenden 19 Jahre

Januar	1-23 = Lu	26-29 = So	24, 25, 30, 31 ?
Februar	1-20 = Lu	23-28 = So	21, 22 ?
März	6-19 = Lu	1-3, 22-31 = So	4, 5, 20, 21 ?
April	7-16 = Lu	1-4, 18-30 = So	5, 6, 17 ?
Mai	9-13 = Lu	1-6, 16-31 = So	7, 8, 14, 15 ?
Juni		1-7, 12-30 = So	8-11 ?
Juli	9 = Lu	1-6, 12-31 = So	7, 8, 10, 11 ?
August	5-10 = Lu	1-3, 13-30 = So	4, 11, 12, 31 ?
September	2-11, 29, 30 = Lu	14-26 = So	1, 12, 13, 27, 28 ?
Oktober	1-13, 26-31 = Lu	16-23 = So	14, 15, 24, 25 ?
November	1-14, 23-30 = Lu	17-20 = So	15, 16, 21, 22 ?
Dezember	1-16, 20-31 = Lu		17-19 ?

Wir danken für die Abdruckrechte von Zitaten aus folgenden Werken:

Seite 12, 16 und 17:
Mark Seem, Geistkörper-Heilung. Heyne Verlag, München 1994

Seite 24 und 177:
Christian Hagena, Grundlagen der Terlusollogie. Haug Verlag, Stuttgart 2000

LITERATUR

Alavi Kia, Romeo/**Schulze-Schindler**, Renate, *Sonne, Mond und Stimme*, Bielefeld 2007

Anders, Frieder, *Das Innere Taijiquan*, Bielefeld 2011

Ders., *Das Innere Taijiquan – Teil 3*, Norderstedt 2012

Ders., *Das Innere Taijiquan*, Bielefeld 2011 (DVD)

Ders., *Wie ich lernte, den Drachen zu reiten*, Bielefeld 2014

Ders./**Brauner**, Volker/**Zock**, Alexander, *Taiji-Atemenergetik und Biomechanik*, Bern 2009

Capra, Fritjof, Wendezeit – Bausteine für ein neues Weltbild, München 1983

Cohen, Kenneth, Qigong, Frankfurt 2008

Hagena, Charlotte/**Hagena**, Christian, *Konstitution und Bipolarität: Erfahrungen mit einer neuen Typenlehre*, Stuttgart 2005

Hagena, Christian, *Grundlagen der Terlusollogie*, Stuttgart 2000

Hertzer, Dominique, *Das Leuchten des Geistes und die Erkenntnis der Seele*, Frankfurt 2006

Lade, Arnie, *Selbstheilung mit Qi*, Frankfurt 2004

Lu K'uan-Yü, *Geheimnisse der chinesischen Meditation*, Freiburg 1984

Olvedi, Ulli, *Das Stille Qi Gong*, Berlin 2004

Oschman, James L., *Energiemedizin: Konzepte und ihre wissenschaftliche Basis*, München 2006

Palos, Stephan, *Atem und Meditation*, München 1968

Plessner, Helmuth, *Mit anderen Augen*, Stuttgart 1982

Seem, Mark, *Geistkörper-Heilung*, München 1994 (Originalausgabe: *BodyMind Energetics*, Rochester 1987)

Seidler-Winkler, Brigitta, *Im Atemholen sind zweierlei Gnaden*, Saarbrücken 2004

Wilhelm, Richard/**Jung**, C. G., *Das Geheimnis der goldenen Blüte*, München 2005

Über die Autoren

Frieder Anders ist Taiji-Meister der 6. Generation in der Yang-Familientradition.
1980 Frieder Anders eröffnet die erste professionelle Taiji-Schule in Deutschland.
1988 Erster Meisterschüler des Großmeister K. H. Chu, London
2002 Großmeister K. H. Chu, Meister der 5. Generation, ernennt Frieder Anders
als ersten Europäer zum Meister in der Yang-Familientradition.
Meister Frieder Anders ist Pionier auf dem Gebiet der Diagnostik und Pädagogik
des AtemtypTaiji. Er ist Leiter der Taiji Akademie und hat mehrere Bücher über
Taijiquan veröffentlicht.

Judith Hechler war bis 1998 Rechtsanwältin bei einer Wirtschaftsprüfungsgesell-
schaft. Sie ist verheiratet und hat drei Kinder.
Erste Erfahrungen mit Taiji machte sie 1993, 2006 bestand sie die Prüfung zur
Taiji-Lehrerin bei Meister Frieder Anders.

Kontaktadresse
Frieder Anders
Homburger Landstraße 120A
60435 Frankfurt am Main
frieder.anders@taijiakademie.de
www.taijiakademie.de

Wir bedanken uns bei den Fotomodellen für ihren Einsatz.
Lunares Modell: Johanna Utta, Frankfurt am Main
Solares Modell: Florian Siebert, Frankfurt am Main

Zeitfracht Medien GmbH
Ferdinand-Jühlke-Straße 7
99095 Erfurt, Deutschland
produktsicherheit@kolibri360.de